大连大学马克思主义理论教学与研究文库

乡村全面振兴视域下农村妇女发展问题研究

程铭莉　著

东北大学出版社
·沈　阳·

图书在版编目（CIP）数据

乡村全面振兴视域下农村妇女发展问题研究 / 程铭莉著 . -- 沈阳：东北大学出版社，2024.7. --ISBN 978-7-5517-3589-6

Ⅰ . D669.68

中国国家版本馆 CIP 数据核字第 2024Z3D169 号

出 版 者：东北大学出版社
　　　　　地址：沈阳市和平区文化路三号巷 11 号
　　　　　邮编：110819
　　　　　电话：024-83683655（总编室）
　　　　　　　　024-83687331（营销部）
　　　　　网址：http://press.neu.edu.cn
印 刷 者：辽宁一诺广告印务有限公司
发 行 者：东北大学出版社
幅面尺寸：170 mm × 240 mm
印 　 张：10.5
字 　 数：194 千字
出版时间：2024 年 7 月第 1 版
印刷时间：2024 年 7 月第 1 次印刷
策划编辑：王 佳
责任编辑：周 朦
责任校对：王 旭
封面设计：潘正一
责任出版：初 茗

ISBN 978-7-5517-3589-6　　　　　　　　定 价：55.00 元

前　言

　　实施乡村振兴战略，是党的十九大作出的重大决策部署，是全面建设社会主义现代化国家的重大历史任务。党的二十大报告提出全面推进乡村振兴，强调要"加快建设农业强国，扎实推动乡村产业、人才、文化、生态、组织振兴"。2024年中央一号文件（《中共中央 国务院关于学习运用"千村示范、万村整治"工程经验有力有效推进乡村全面振兴的意见》）的公布，为乡村全面振兴确定了方向和重点。而作为农村重要的社会主体，农村妇女居于不容忽视的重要地位。她们在乡村振兴过程中，不仅是受益者，更是重要的参与者和贡献者。

　　改革开放以来，我国农村妇女在社会地位、经济收入和教育水平等方面都得到了显著提高，她们的发展已成为我国农村社会经济发展的重要组成部分。然而，著者在调研过程中发现，在乡村全面振兴视域下农村妇女仍然面临着一系列困难和问题，如收入水平低、教育培训机会少、社会保障不足、合法权益受损等，这些问题制约了她们的全面发展和乡村振兴战略的深入实施。

　　考虑到农村妇女在农村社会经济发展中的重要地位，著者深入剖析了她们在乡村全面振兴视域下面临的困难和问题，探讨其成因，并结合马克思主义妇女理论进行理论分析与解读，探寻解决对策。科学、系统地研究农村妇女的发展状况和存在问题，不仅有助于理解与把握农村妇女在乡村振兴过程中的真实情况和需求，而且能为推动农村妇女的全面发展、完善相关政策及推动乡村振兴战略的深入实施提供理论支持和政策建议。

基于此，本书围绕乡村全面振兴视域下农村妇女的发展进行深入研究，旨在揭示农村妇女发展的实际情况和存在的主要问题，分析其成因，探讨马克思主义妇女理论对农村妇女发展问题的理论指导意义，并提出为农村妇女发展赋能的路径与策略，以期为推动农村妇女的全面发展及乡村振兴战略的成功实施提供有益的理论参考和政策建议。

　　在本书撰写过程中，著者参考了大量的文献和资料，并得到相关专家的指导，在此表示由衷的感谢。由于著者研究水平和写作时间所限，本书中难免存在不足之处，恳请学界同人和广大读者批评指正。

著　者

2024 年 3 月

目 录

第一章 乡村全面振兴视域下
农村妇女发展概述

随着乡村振兴战略的深入实施，中国农村面貌发生了翻天覆地的变化。乡村不仅是经济发展的重要领域，更是全面建设社会主义现代化国家的重要基础。在这一宏大战略的指导和推动下，农村妇女作为农村社会经济生活的重要参与者和贡献者，其发展状况和作用逐渐成为社会关注的焦点。

农村妇女在农村社会的各个方面都发挥着不可或缺的作用。她们既是家庭的核心，也是农业生产的重要劳动力，同时在社区事务和乡村治理中起到积极的作用。然而，长期以来，农村妇女的贡献和价值没有得到应有的重视和认识，她们在发展中的权利和利益也没有得到充分保障。

全面实施乡村振兴战略为农村妇女的发展开辟了新的空间和可能。在乡村全面振兴视域下，农村妇女的发展不仅关乎她们个人的福祉和权利，而且关乎乡村社会的和谐与稳定、乡村经济的健康发展和乡村文明的进步。因此，全面了解和深入研究乡村振兴战略下农村妇女的发展状况，是理解和推动乡村振兴战略深入实施的必要条件。

乡村振兴战略正逐步深入人心并在中国的广大农村地区实施，这一战略旨在全方位改善乡村的社会经济环境，推动农村与城市协同发展。农村妇女作为乡村的重要组成部分，她们的发展与乡村振兴战略的全面实施密切相关。农村妇女在家庭、社区及乡村经济发展中都发挥着至关重要的作用，是乡村持续发展的支柱力量之一。然而，相对于为社会和家庭作出的巨大贡献，农村妇女面临的多重发展难题（包括教育水平低、收入有限、社会地位不高等），限制了她们的潜力与发展。在乡村全面振兴的背景下，农村妇女发展问题不仅是经济层面的问题，更是关乎社会公平正义和性别平等的重要议题。农村妇女的全面发展既是乡村振兴的重要一环，也是构建社会主义和谐社会的必然要求。

为此，首先，本章界定本书涉及的基本概念（包括"乡村全面振兴""农村妇女发展"等），明确这些概念的内涵、特征和范畴，能为后续分析提供准确的理论依据和切入点。通过对基本概念的深入理解，我们可以更好地把握农村妇女在乡村振兴过程中的地位、作用和发展方向。其次，本章挖掘与农村妇女发展相关的理论资源，以期构建一个科学的、系统的分析框架，为分析农村妇女发展的实际问题提供理论支持和指导。通过引入和整合不同的理论视角与方法，我们可以更好地理解农村妇女发展的多重维度和复杂性，为寻找解决问题的有效路径提供理论启示及引发思考。

本章结构安排的目的是更好地为读者呈现农村妇女在全面实施乡村振兴战略下的发展概貌，同时为后续章节的深入分析和讨论奠定基础。希望通过对相关基本概念的界定和相关理论的探索，能为农村妇女发展研究提供一个全面、深刻的理论框架及分析工具。

第一节 基本概念的界定

一、乡村全面振兴

乡村振兴战略是习近平总书记于 2017 年 10 月 18 日在党的十九大报告中提出的战略。2024 年中央一号文件提出，要运用"千村示范、万村整治"工程经验，有力有效地推进乡村全面振兴。这体现了新的历史阶段对乡村振兴的新要求。

（一）背景和内涵

党的十九大报告指出："实施乡村振兴战略。农业农村农民问题是关系国计民生的根本性问题，必须始终把解决好'三农'问题作为全党工作重中之重。"党的二十大在擘画全面建成社会主义现代化强国宏伟蓝图时，对全面推进乡村振兴进行了重要部署。习近平总书记在 2020 年底召开的中央农村工作会议上指出："在向第二个百年奋斗目标迈进的历史关口，巩固和拓展脱贫攻坚成果，全面推进乡村振兴，加快农业农村现代化，是需要全党高度重视的一个关系大局的重大问题。"[①] 2024 年中央一号文件的公布，为乡村全面振兴确定

---

① 本报评论员：《巩固拓展脱贫攻坚成果——论学习贯彻中央农村工作会议精神》，《人民日报》2021 年 1 月 1 日，第 3 版。

了方向和重点。

乡村全面振兴是指一系列深层次、全方位的农村改革和发展活动，旨在系统性地推动农业、农村和农民的全面发展。该概念不仅涵盖经济建设，而且强调社会建设、文化建设和生态建设，是追求协同、整体、可持续的农村发展模式。具体来说，乡村全面振兴的内涵包括农业现代化、农村整体建设和农民全面发展等方面。它通过科技创新和产业升级，推动农业生产效率和经济效益的提升，提高农村基础设施和公共服务，提高农民的生活水平和质量，同时注重农民的教育、文化和素质提升。乡村全面振兴的目标是实现农业、农村和农民的共同富裕，其主要任务包括深化农村改革、推动农业技术和管理创新、实现农村基础设施和公共服务的全覆盖、加强农村文化建设和生态保护等。为实现这些目标和任务，乡村全面振兴采取政策支持、资金投入、制度创新和社会动员等多种措施。这些措施不仅为农村的持续发展和振兴提供了有力的支持和保障，而且为农村妇女的发展创造了有利的条件和环境。理解乡村全面振兴的基本概念和内涵，可以为分析农村妇女在这一背景下的发展提供一个坚实的理论基础和框架。

（二）意义与举措

乡村全面振兴是近年来提出的一项全局性、战略性的农村发展计划，它深刻反映了国家对均衡城乡发展、推进农业现代化的决心和策略，具有深刻的社会经济意义。

乡村全面振兴不仅聚焦于经济领域的建设与提升，而且关注社会公平、文化繁荣和生态保护，致力于打造一个和谐、稳定、可持续发展的农村环境。农业现代化是乡村全面振兴的核心组成部分，旨在通过引进先进的科技手段与管理方法，提高农业生产的效率与效益，使农业成为一个具有竞争力和可持续性的产业。此外，农村基础设施的建设与完善、农民文化素质的提升、农民收入水平的增长也是乡村全面振兴的重要目标。

在全面实施乡村振兴战略过程中，国家采取了一系列政策措施，包括制定有利于农村发展的政策法规、增加农村的投入与支持、进行制度创新与优化，以及动员社会各界共同参与农村建设以形成农村发展的合力。

乡村全面振兴概念的深刻内涵为农村妇女的发展提供了广阔的空间与可能性。在乡村全面振兴背景下，农村妇女能够获得更多的发展机遇与资源，同时需要承担更多的社会责任与家庭担当。因此，深入理解乡村全面振兴的基本概念与内涵，既是准确把握农村妇女在当前社会经济条件下发展状况与趋势的前提，也是本书进行后续分析与研究的理论基础。

二、农村妇女

深刻理解农村妇女的概念和内涵，有助于更准确地把握她们在全面实施乡村振兴战略下的发展需求和挑战，对于指导和推动农村妇女的全面发展（特别是在全面实施乡村振兴战略下的发展），以及为农村妇女全面发展赋能，具有重要的理论和实践意义。农村妇女的全面发展，可以更好地实现性别平等与社会和谐，促进社会经济的全面和可持续发展。

（一）内涵与特征

农村妇女主要是指在农村地区居住和生活的女性群体，她们在日常生活中扮演着多重角色，包括但不限于家庭管理者、农业劳动者、社区参与者。农村妇女是农村社会的重要组成部分，她们不仅在家庭中发挥着核心作用，而且是农村劳动力的重要来源。她们在多个层面（如家庭、农业生产和社区活动）都起着不可或缺的作用。传统上，农村妇女主要参与农业生产和家庭管理，但随着社会的发展和变化，其角色在逐渐拓展及多样化。许多农村妇女参与到非农产业的劳动和经营活动中，成为农村经济多元化发展的重要推动力。

农村妇女具有一些显著的特征和属性。首先，她们的劳动参与率相对较高，但劳动报酬往往较低；其次，她们的教育水平和社会地位相对较低，但在家庭和社区中具有重要的影响和作用；最后，她们在经济生活、社会参与和文化教育等方面面临着一系列的挑战和限制。

（二）作用与贡献

农村妇女在农村社会经济发展中发挥着不可忽视的作用。在农业生产方面，她们是重要的劳动力来源，参与种植、养殖、加工等多个环节；在家庭管理方面，她们是家庭的主要管理者和照顾者，对家庭的稳定与和谐起着重要作用；在社区参与方面，她们积极参与各类社区活动和公共事务，对社区的发展与建设有着积极的影响。

农村妇女不仅是家庭的重要组成部分和稳定器，而且是农业生产与农村社区发展的关键推动者。她们的日常工作涵盖了家务、农作、养育下一代，以及参与社区组织等多个方面。农村妇女一直是农业生产的主力军，她们辛勤劳作，保障家庭的基本生活，同时积极参与社区活动，为农村社区的和谐与进步作出了积极贡献。然而，农村妇女普遍面临着教育水平相对较低、社会地位不高、劳动报酬不公等问题。尽管她们的工作量巨大，但往往缺乏应有的社会认可和尊重，其权益保护和发展空间也常常受到限制。在乡村全面振兴背景下，为农村妇女提供更多的发展机会和更好的工作、生活环境，不仅是推动性别平等和女性赋权的需要，而且是实现农村社会经济全面发展的重要条件。

通过深入了解农村妇女的内涵与特征，可以更好地认识到她们在乡村发展中的独特地位和作用，为推动农村妇女的全面发展和为农村妇女全面发展赋能提供理论支持及政策建议。

三、妇女发展

妇女发展这一概念涉及为女性创造和提供更多的机会与资源，以促进她们在社会、经济、文化和家庭等多个领域中的全面发展及进步。

（一）内涵与维度

妇女发展旨在实现性别平等和女性赋权，推动女性的自主发展和社会参与。妇女发展不仅关注女性个体的发展和提升，而且关注营造支持及促进女性发展的社会环境和文化氛围。

在农村背景下，妇女发展是一个复杂但至关重要的议题。由于受到教育水平、经济条件、文化观念等多方面因素的限制，农村妇女发展面临诸多困难和挑战。因此，推动农村妇女发展，需要国家政策的支持和指导、社会资源的投入和帮助，以及农村妇女自身的努力和奋斗。通过多方共同努力，农村妇女可以实现真正的自主发展和社会参与，为农村社区和整个社会的发展作出更大的贡献。

妇女发展涉及多个维度。首先，教育发展能为女性提供平等的教育机会和资源，提高女性的教育水平和素质；其次，经济发展能提供就业机会和创业支持，从而增强女性的经济自主性和收入水平；再次，社会发展能增强女性的社会参与和社会地位，推动女性在社会公共生活中发挥更大的作用；最后，文化发展和心理发展能促进女性文化身份的认同和心理健康的发展。

妇女发展强调女性自身能力的培养和提高，以使她们更好地应对生活中的各种挑战和需求。这包括培养女性的自信心和自主意识，提高她们的知识和技能水平，以及增强她们的心理和身体健康。此外，妇女发展还关注女性在家庭和社会中的权利与责任，有利于推动构建尊重和保护女性权益、支持女性发展和成功的社会环境。值得注意的是，妇女发展并非孤立进行，而是在与男性的相互合作和支持中推进的。它强调性别平等及互相尊重的重要性，认为男性和女性在社会发展中都有着不可替代的作用与价值。因此，在推动妇女发展的同时，要注意男性的合理需求和发展，实现性别之间的平衡与和谐。

（二）实施与推进

妇女发展的实施需要多方共同参与和努力，包括政府、社会组织、企业和女性个体等。政府需要制定有利于女性发展的政策和法律，提供必要的公共服务和支持；社会组织和企业则可以提供更多的社会资源与机会，支持女性的发展和进步；女性个体也需要积极参与和努力，实现自身的发展及提升。妇女发展强烈倡导创造一个积极的社会环境，其中包括女性的权利和贡献得到充分的认可和尊重，以及女性能够平等地参与社会各个领域的决策和活动。在此环境中，女性不仅能够自由地追求个人发展和职业发展，而且能够参与社会的公共事务和社区服务，发挥她们的领导和创新能力。

从更广泛的视角看，妇女发展不仅仅是女性问题，更是一个涉及社会整体发展和人类文明进步的重大议题。只有当社会中的所有个体，无论是男性还是女性，都能够充分发挥其潜力和作用时，社会才能实现真正的和谐与进步。因此，推动妇女发展不仅是保障女性权益的必要选择，而且是实现社会公正和可持续发展的智慧选择。在农村妇女发展的具体实践中，需要特别关注那些处于更为不利地位的群体（如贫困妇女、老年妇女、残疾妇女等），为她们提供更多的支持和帮助，保障她们的基本权利和福祉。此外，农村妇女发展还需要与其他相关政策和计划相协调、整合，形成一个全面和系统的支持网络与机制。

在全面实施乡村振兴战略进程中，农村妇女发展问题应得到充分和高度的重视。科学的规划和有效的实施，不仅可以推动农村妇女个体的发展和进步，而且可以促进农村社区甚至整个社会的全面振兴和可持续发展。

第二节　相关理论资源

在探索农村妇女发展的道路时，需要借助一系列理论资源来更深刻和全面地理解农村妇女发展的内涵、路径和目标。理论资源的引入可以为我们提供一个清晰的理论框架和分析工具，帮助我们更好地分析和解决实际问题。

本节将重点介绍三种与农村妇女发展密切相关的理论资源：马克思主义妇女理论、马克思主义人的全面自由发展理论，以及中国化马克思主义妇女发展思想。这些理论资源分别从不同的视角和层面对妇女发展进行了深刻的剖析及阐述，为研究与推动农村妇女发展提供了宝贵的理论支持和指导。

一、马克思主义妇女理论

（一）妇女解放的条件——参加社会生产

恩格斯在《家庭、私有制和国家的起源》中提出"两种生产理论"："根据唯物主义观点，历史中的决定性因素，归根结底是直接生活的生产和再生产。但是，生产本身又有两种。一方面是生活资料即食物、衣服、住房以及为此所必需的工具的生产；另一方面是人自身的生产，即种的繁衍。"[1]

物质的生产和人种的生产构成了人类的生产力，生产力总和决定社会状况。这说明担负着人类自身生产历史任务的妇女和从事物质生产的男性具有同样重要的地位，妇女生育和抚育后代、从事家务劳动的价值是不容忽视的。但是在一定程度上，妇女的生养劳动和家务劳动被忽略，妇女长期处于从属地位。要解决这个问题，恩格斯指出，"妇女解放的第一个先决条件就是一切女性重新回到公共的事业中去"[2]；第二个先决条件是必须依靠现代大工业，只有在高度发达的现代化大生产的工业化社会，妇女才能得到彻底的解放；第三个先决条件是家务劳动的社会化，"只有在废除了资本对男女双方的剥削并把私人的家务劳动变成一种公共的行业以后，男女的真正平等才能实现"[3]。承认两种生产的社会价值，并把家务劳动社会化，使妇女回归到社会公共领域中与男性平等地参与社会劳动分工，才能实现两性真正意义上的平等。

（二）妇女解放的基础——男女同工同酬

恩格斯指出，"争取男女同工同酬始终是所有社会主义者的要求"[4]。列宁

---

① 马克思、恩格斯：《马克思恩格斯选集》第4卷，人民出版社，2012，第13页。

② 同上书，第85页。

③ 同上书，第577页。

④ 同上。

指出，"我们要使女工不但在法律上而且在实际生活中都能同男工平等。要做到这一点，就要使女工多多地参加公共企业和国家的管理"[①]。

马克思主义认为，经济基础决定上层建筑。在社会生产中，劳动报酬是衡量个人价值和贡献的重要标准。男女同工同酬，意味着妇女的劳动价值得到了平等的认可和回报。这不仅是经济上的公平，更是对妇女社会地位的尊重和提升。当妇女能够获得与男性同等的劳动报酬时，她们在经济上不再依赖男性，从而拥有更多的自主选择和决策权。这种经济上的独立，为妇女在家庭、社会中争取平等地位提供了有力的支撑。她们能够更加自由地追求个人发展，参与社会事务，展现自身的能力和价值。男女同工同酬是妇女解放的基础，只有实现这一目标，才能真正推动妇女解放事业的发展。

（三）妇女解放的重要内容——实现自由的婚姻

恩格斯把婚姻制度与社会制度的分析联结起来。他指出："根据我们对古代最文明、最发达的民族所能作的考察，专偶制的起源就是如此。它决不是个人性爱的结果，它同个人性爱绝对没有关系，因为婚姻和以前一样仍然是权衡利害的婚姻。专偶制是不以自然条件为基础，而以经济条件为基础，即以私有制对原始的自然产生的公有制的胜利为基础的第一个家庭形式。"[②]恩格斯认为，在阶级社会中，阶级地位决定婚姻关系，爱情的基础是经济条件，大部分婚姻都掺杂着政治和经济因素，资本主义制度下的所谓专偶制只是对妇女的要求，对男人而言则形同虚设。只有彻底消灭资本主义生产关系，生产资料归全体社会成员所有，才能够完全去除夹杂在婚姻中的经济因素，真正实现男女在爱情、婚姻、家庭中的自由和平等，人们才能真正享受到以纯正感情为基础的婚姻。

（四）妇女的社会作用——伟大的人力资源

马克思和恩格斯对妇女的社会作用给予了很高评价，他们指出，妇女在社会变革和发展中是一种伟大的人力资源。巴黎公社革命中，英勇的法国妇女为世界上第一个推翻资产阶级的无产阶级革命运动作出了重要贡献；十月革命

---

① 中华人民共和国全国妇女联合会：《马克思 恩格斯 列宁 斯大林 论妇女》，中国妇女出版社，1990，第306页。

② 马克思、恩格斯：《马克思恩格斯选集》第4卷，人民出版社，2012，第75页。

中，果敢的俄国妇女为世界无产阶级革命事业开创了人类历史新纪元，为世界无产阶级的妇女解放创立了赫赫功勋。正因如此，列宁对妇女在革命中的无私奉献和牺牲给予了积极的评价："没有大批劳动妇女参加，这一事业是无法完成的。"[①]

马克思主义妇女理论不仅为理解妇女问题提供了一个深刻和科学的分析框架，也为推动妇女的社会地位提升和解放提供了有力的理论支持与指导。在农村妇女发展语境下，该理论为我们提供了一系列重要的理论观点和分析工具，能帮助我们更好地理解农村妇女的社会地位和角色，以及她们在农村社会及经济发展中的重要作用和贡献。深入研究和运用马克思主义妇女理论，可以更加准确及深刻地把握农村妇女发展的规律和特点，为推动农村妇女的全面发展提供有力的理论支持与政策指导。

同时，马克思主义妇女理论为我们提供了一个反思和批判现有社会中存在的一些性别不平等与歧视现象的有力工具。通过运用这一理论，我们可以揭示和分析社会中存在的各种形式的性别不平等与歧视的根源和表现，从而更加有针对性和有效地采取措施来消除和改变这些不平等与歧视。此外，马克思主义妇女理论还强调社会主义社会中妇女解放的必要性和重要性，为我们在实践中推动妇女全面发展提供了明确的方向和目标。在具体实施农村妇女发展策略时，需要将马克思主义妇女理论的基本原理和观点与中国农村的实际情况相结合，发挥其在指导农村妇女发展中的实际作用和价值。在实践中不断运用和发展马克思主义妇女理论，不仅可以更好地理解和把握农村妇女发展的实际问题和挑战，而且可以为农村妇女发展的未来提供更加科学和可行的理论指导及政策建议。

此外，马克思主义妇女理论强调了改变妇女社会地位与改变社会经济基础和生产方式的密切联系，强调劳动的核心价值，以及对实现妇女解放和促进其全面发展的重要指导意义。在此理论的指导下，我们能够更明晰地认识到农村妇女解放的道路并非一帆风顺，而是需要在多个维度上进行努力和斗争的，包括改善妇女的经济地位、促进妇女的教育和培训、改变社会对妇女的刻板印象和歧视观念等。

理论的现实意义在于指导实践，马克思主义妇女理论为我们提供了一个分析和理解农村妇女发展问题的有力工具，并为我们制定和实施相关政策与措施

[①] 列宁：《列宁选集》第4卷，人民出版社，2012，第50页。

提供了科学的理论依据和指导。深入研究和正确运用这一理论，有利于我们更好地推动农村妇女的全面发展，促进农村社会的持续进步和繁荣。对马克思主义妇女理论的深入学习和实践运用，是推动农村妇女全面发展的重要途径之一。这要求我们不断地思考和探索如何更好地将理论与实践相结合，将马克思主义妇女理论的基本原理和观点与农村妇女发展的实际相结合，从而为推动农村妇女的解放和发展作出更大的贡献。

二、马克思主义人的全面自由发展理论

马克思主义人的全面自由发展理论是对人的发展和自由进行深刻思考的重要成果，对农村妇女发展具有重要的理论指导意义。

（一）主要内容

1. 强调人是社会历史发展的主体

人的全面发展是社会发展的最终目标。在此视野下，妇女作为社会的一部分，她们的发展和解放是实现社会进步和人的全面发展的重要组成部分。

2. 关注人的全面发展

马克思主义人的全面自由发展理论关注人的全面发展，不仅包括经济层面，而且包括政治、文化、社会等多个层面。全面发展意味着妇女应该有权参与社会的所有方面，享有平等的教育和工作权利，能够在个人和集体层面上实现自我价值及贡献。

3. 强调自由发展

马克思主义人的全面自由发展理论强调人的自由发展，即人应当有条件和能力自由选择自己的发展路径与方式。这要求社会必须提供一个开放和包容的环境，让妇女能够根据自己的兴趣与愿望自由发展，实现个人的潜能和创造性。

4. 强调社会的作用和责任

马克思主义人的全面自由发展理论强调社会的作用和责任。社会应该通过合理的制度安排和资源分配，为妇女提供必要的条件与机会，支持和促进妇女

的全面发展及自由选择。

（二）对农村妇女发展的理论指导意义

运用马克思主义人的全面自由发展理论，我们可以更系统、深刻地理解农村妇女发展的内涵和要求，为推动农村妇女的全面发展提供有力的理论支持与政策指导。对于农村妇女而言，全面自由发展理论揭示了她们作为独立个体享有的权利和潜力。每名农村妇女都应被视为具有无限潜能的人，她们有权利也有能力为社会作出独特的贡献。农村妇女不仅是家庭的支柱，而且是农村社区和经济发展的重要动力。马克思主义人的全面自由发展理论要求我们必须充分认识和重视农村妇女的多重角色及贡献，为她们创造更加公平和友好的发展环境。

马克思主义人的全面自由发展理论为农村妇女发展提供了宝贵的理论资源和指导原则。通过运用和实践这一理论，可以为农村妇女开辟更加广阔的发展空间，推动农村妇女全面发展，从而为构建更加公平与和谐的农村社会作出积极的贡献。马克思主义人的全面自由发展理论着重于自由和选择的权利，每个人都应当享有追求自身发展和幸福的自由。这种自由不仅仅是一种抽象的权利，更是一种实践中的能力和可能。为了使农村妇女真正实现全面自由发展，需要从制度和政策层面作出切实的安排及保障，包括提供平等的教育和就业机会，保障农村妇女的合法权益，以及推动农村社区的性别平等和女性赋权。马克思主义人的全面自由发展理论强调个体的全面发展和社会的共同发展是相互联系、相互促进的。农村妇女的全面发展不仅有助于她们个体的提升，而且是农村社区和整个社会共同进步与发展的重要基础。因此，推动农村妇女的全面发展，需要全社会共同关注和努力，从而创建一个支持农村妇女发展的良好社会环境。

为实现农村妇女的全面自由发展，我们需要深入理解和准确把握马克思主义人的全面自由发展理论的精神及实质，同时要关注农村妇女自身的需求和期望，激发她们的内在动力与创造潜力，支持她们参与社会经济活动和社区建设实践。只有这样，才能真正推动农村妇女实现全面自由发展，为建设更加美好的农村社区和社会作出更大的贡献。实现农村妇女的全面自由发展，还要深刻认识到每名农村妇女都是独一无二的个体，她们各自拥有不同的愿望、梦想、才能和潜力，因此，应该尊重农村妇女的个性和差异，为她们提供多样化、个性化的发展机会和选择。我们需要通过教育、培训和实践，帮助农村妇女发现和发展自己的才能与潜力，增强她们的自信心和自主意识，让她们能够更加积极、自由地参与社会经济活动和文化生活。

在运用马克思主义人的全面自由发展理论指导农村妇女发展的同时，需关注农村特有的社会文化环境和经济条件。农村社区的传统观念、社会结构和经济基础，都对农村妇女的发展提出了特殊的挑战和要求。马克思主义人的全面自由发展理论的应用需要与农村实际相结合，细致剖析农村妇女在全面自由发展道路上所面临的具体困境和阻碍，进而提出切实有效的解决策略与措施。推动农村妇女的全面自由发展，需要改变社会对农村妇女的刻板印象和歧视观念，营造一个尊重女性、支持女性发展的社会舆论氛围及文化环境。这需要全社会共同努力，通过宣传、教育和实践，改变社会对农村妇女的刻板印象和歧视观念，尊重、支持农村妇女。政策制定者和实施者在推动农村妇女全面自由发展时，应秉持开放和包容的心态，采取创新和灵活的方式与方法，关注农村妇女的发展需求及权利，防止任何形式的性别歧视和排斥。由此，农村妇女才能在一个开放、包容和支持的环境中，充分发挥她们的才能及潜力，为农村社区的繁荣和社会进步作出更大的贡献。

三、中国化马克思主义妇女发展思想

实现妇女解放和发展是中国共产党矢志不渝的奋斗目标。中国共产党从成立之日起，就把中国妇女解放运动作为中国革命的重要组成部分。建党 100 多年来，中国共产党立足于中国国情，结合时代条件和社会需要，把马克思主义理论同中国具体实际相结合，创造性地实现了马克思主义妇女理论的民族化、制度化转变，形成了中国特色社会主义妇女发展道路。

（一）用马克思主义分析中国妇女解放问题

建党之初，以李大钊、陈独秀为代表的中国共产党创始人，运用马克思主义唯物史观和阶级分析观点思考半殖民地半封建社会中国妇女的出路，研究中国特殊国情下妇女的独立和解放问题，倡导无产阶级妇女解放运动。李大钊指出，妇女参政和劳工问题的根源是经济不平等，只有通过无产阶级革命，夺取政权，消灭阶级，才能得到根本解决。这阐明了妇女解放是无产阶级革命的一部分观点。陈独秀在接受马克思主义后，运用马克思主义理论分析了妇女成为男人的私有财产而导致妇女地位低下的根本缘由，指明妇女解放的根本途径是用阶级战争的手段来摧毁私有制社会，妇女解放与无产阶级革命相统一。相对于当时把妇女解放运动局限于脱离政治的传统理论，中国共产党人通过政治革命实现妇女解放的观点无疑是一种突破和开拓。

在传播马克思主义过程中，陈独秀指出，"讨论女子问题，首要与社会主义有所联络"①。这体现了妇女解放与社会解放相联系的基本思想。早期的中国共产党人对中国妇女的解放道路问题进行了创造性探索，明确指出建立自由平等的社会主义制度既是历史的潮流，也是妇女解放的必然选择，并认识到在实现这一目标过程中，无产阶级是彻底觉悟的阶级，无产阶级是妇女解放运动的主力军。在他们的影响下，中国的妇女解放运动逐渐克服了资产阶级错误倾向，从而走上社会主义的正确轨道。

（二）为实现妇女解放提供辩证唯物主义方法论指导

新民主主义革命时期，毛泽东同志在亲身实践中深刻总结我国妇女运动的经验教训，揭示我国妇女解放发展的科学规律。毛泽东同志认为，妇女解放是民主革命的重要组成部分。妇女解放是政治斗争和经济斗争胜利以后自然而然的结果。在恩格斯著名的"两种生产理论"和妇女解放的"三个先决条件"的基础上，党中央提出"组织妇女积极参加生产，是妇女工作的中心任务，也是保护妇女特殊利益，争取妇女从封建残余的束缚之下解放出来的中心关键"②。广大中国妇女在党的领导下，深刻认识到了这一点，积极投入到社会革命和建设的大潮中。实践证明，围绕党的中心工作来开展妇女工作，既是我国妇女解放发展的科学规律，也是中国共产党推进妇女解放和发展的基本经验。

新中国成立后，为了保障广大妇女的合法权益，中国共产党颁布了一系列法律法规，内容涉及政治、经济、文化、婚姻等各个方面，这些法律法规的制定实施，从根本上改变了妇女受压迫的地位。1950年颁布的《中华人民共和国婚姻法》，明确废除了封建主义婚姻制度，打碎了数千年束缚女子的封建枷锁。妇女不但享有自由选择婚姻的权利，还享有和男子同等的土地继承权，使妇女的社会地位得到极大提高。在社会主义建设时期，毛泽东同志对妇女的重要作用更是予以充分肯定，提出中国的妇女是一种伟大的人力资源，号召妇女

---

① 中华全国妇女联合会妇女运动历史研究室：《五四时期妇女问题文选》，中国妇女出版社，1981，第80页。

② 中华全国妇女联合会妇女运动历史研究室：《中国妇女运动历史资料（1945—1949）》，中国妇女出版社，1991，第300页。

积极地参与到社会、政治和文化生活中去，推动男女同工同酬。毛泽东同志提出"妇女能顶半边天"的观点，不仅凸显了他对妇女作用的肯定，而且为中国妇女的社会地位提升提供了有力的理论支持。

（三）提出以经济建设为中心推进妇女解放和发展的思想

党的十一届三中全会后，以邓小平同志为核心的党的第二代中央领导集体，遵循着实事求是的思想路线，从我国处于社会主义初级阶段的基本国情出发，提出以经济建设为中心推进妇女解放和发展的思想。针对我国生产力落后的社会实际，坚持先进生产力是推动社会发展的决定性理论这一马克思主义基本原则，创造性地提出了要发展生产力必须进行改革，发展才是硬道理的发展思想，提出妇女工作重点是以经济建设为中心推进妇女解放和发展。

妇女解放也只有在革命和建设的胜利过程中才能逐步实现。妇女只有参加社会主义现代化建设，才能走上解放和发展的康庄大道。曾几何时，改革开放过程中，"妇女回家"的提法几起几落，"妇女阶段性就业论"不绝于耳，但最终都得到遏制，究其根源，这是中国共产党在新形势下坚持马克思主义妇女观的必然结果。

改革开放以来，中国生产力的飞速发展为各阶层妇女提供了更多的就业机会，她们积极投身于社会主义经济建设，成为我国社会建设和文化发展的一支重要力量。我国陆续出台了一系列有关妇女权益保障的政策法规，包括《中华人民共和国劳动法》《女职工劳动保护特别规定》《中华人民共和国妇女权益保障法》等，形成了较为完善的妇女权益保障体系。与此同时，妇女的参政意识、法律意识大大增强，广大妇女逐渐成为平等的社会主人翁，和男性共同参与社会主义建设，与国家改革和发展同呼吸、共命运，在中国特色社会主义事业中实现自身价值。

（四）提出"马克思主义妇女观"，并将男女平等作为基本国策

以江泽民同志为核心的党的第三代中央领导集体针对我国妇女发展面临的新问题和新机遇，顺应历史大势，将男女平等作为我国基本国策，延续了新中国成立以来一系列保护妇女权益的法律法规体系，进一步推动了我国妇女解放和发展。

1990年适逢"三八"国际劳动妇女节80周年，在纪念大会上，江泽民提出"马克思主义妇女观"概念并阐述其重要地位，全方位促进了我国社会主义

现代化建设。1995 年，联合国第四次世界妇女大会在我国召开，这是国际社会对我国这个妇女人口数量占世界妇女总人数近四分之一的妇女大国的妇女解放事业的肯定。在会上，江泽民同志强调"实现男女平等是衡量社会文明的重要尺度"这一马克思主义妇女理论基本观点。将男女平等作为促进我国社会发展的基本国策，使男女平等成为社会的主流性别观念，对男尊女卑封建旧观念的纠正具有国家权威约束力，为我国妇女争取各项权利奠定了坚实基础。

在改革开放以来建立一系列保障妇女权益的法律法规体系，拓宽妇女参与经济社会发展新前景的基础上，江泽民同志强调要为妇女在进一步争取教育、生产、参政、婚姻等各方面权利上提供政策和措施保障。1995 年 8 月 7 日颁布的《中国妇女发展纲要（1995—2000 年）》，是我国有史以来首部以妇女发展为主题的纲领性文件，标志着妇女发展正式被纳入政府顶层设计。党的这些政策措施为在社会主义市场经济条件下，解决我国妇女参与国家建设和社会发展问题提供了条件保证，为推动广大妇女发展事业迈向 21 世纪创造了新机遇。

（五）推动我国妇女发展事业迈上新台阶

21 世纪，以胡锦涛同志为总书记的党中央提出科学发展观。科学发展观的核心是以人为本，终极目标是实现人的全面发展，而妇女解放和发展是其中不可或缺的重要组成部分。科学发展观在农村妇女发展中具有核心指导地位。科学发展观呼吁可持续的发展策略，强调人的全面发展和人与自然的和谐共生，这为农村妇女的发展指明了方向。农村妇女的发展不仅要关注其经济地位的提升，更应关注其精神文明和社会文化生活的丰富，以及其在环保和可持续发展中所起的积极作用。

在纪念"三八"国际劳动妇女节 100 周年大会上，胡锦涛同志强调，中国共产党始终把实现妇女解放和男女平等作为孜孜以求的奋斗目标，号召在新形势下要牢固树立马克思主义妇女观，坚决贯彻男女平等的基本国策。男女平等从成为基本国策表明国家意志，到载入《中华人民共和国妇女权益保障法》成为法律条文，再到写入党的十八大报告纳入执政纲领，体现出我国妇女发展事业实现台阶式逐级认证，充分显示了妇女发展事业在国家顶层设计中的重要地位，将中国特色社会主义妇女理论推向一个新的发展阶段。

在改革开放新时期，随着中国特色社会主义事业的蓬勃发展，务工妇女作为一支新型劳动大军为社会经济发展作出了重要贡献，但面临着许多新问题。对此，党中央立足科学发展观，提出积极帮助妇女解决在工作生活中遇到的特殊困难，尤其要加大为城市下岗失业妇女和农村贫困妇女排忧解难的工作力度。这一时期，党和国家采取有效措施解决妇女困难，进一步提高妇女的社会地位，发挥妇女作用，推动了我国妇女发展事业迈上新台阶。

（六）提出新时代妇女发展的新思想新理念

进入新时代，以习近平同志为核心的党中央站在新的时代起点上，立足"两个一百年"奋斗目标，在与中国共产党历任领导集体妇女发展思想一脉相承的基础上，面临更复杂的国内外环境，将新时代妇女运动与实现中华民族伟大复兴紧密结合，创造性地提出了一系列关于新时代妇女发展的新思想、新理念，作出新的诠释并实施新举措。

在2015年全球妇女峰会上，习近平总书记提出了促进男女平等和妇女全面发展的四点中国主张，指明新时代妇女发展战略举措。这充分体现了中国共产党以马克思主义妇女观为灵魂，推进全球妇女事业发展的责任担当。党的十九大报告再次将"坚持男女平等基本国策，保障妇女儿童合法权益"等有关促进妇女全面发展的内容写入其中。权益保护是妇女解放的重要基础，习近平总书记强调，"妇女权益是基本人权。我们要把保障妇女权益系统纳入法律法规，上升为国家意志，内化为社会行为规范"[①]。国家"十三五"发展规划纲要和党的十九大报告相继将促进妇女发展和保障妇女权益纳入其中，以国家意志和制度规范来保障妇女维权，为妇女权益保护提供了国家保障和法律保证。

道路问题是决定妇女解放和发展的方向性问题。中国特色社会主义妇女发展道路，是习近平总书记立足我国国情，结合时代要求，为解决中国妇女发展道路上出现的问题而提出的理论指南。习近平总书记在同全国妇联新一届领导班子集体谈话时指出，在革命、建设、改革各个历史时期，我们党始终坚持把实现妇女解放和发展、实现男女平等写在自己奋斗的旗帜上，始终把广大妇女作为推动党和人民事业发展的重要力量，始终把妇女工作放在重要位置，领导我国妇女运动取得了历史性成就，开辟了中国特色社会主义妇女发展道路。妇女的命运是同国家与民族的命运紧密相连的。

习近平总书记高度评价妇女在社会和家庭生活中的独特作用。在对妇女问题的论述中，更多地从文化和家庭两个维度给予妇女高度的认可。他认为妇女

---

① 习近平：《促进妇女全面发展　共建共享美好世界——在全球妇女峰会上的讲话》，《人民日报》2015年9月28日，第3版。

不仅是社会劳动的重要组成部分，而且是家庭和谐稳定的关键。他强调妇女在家庭中的角色不能被忽视。在许多文化和家庭传统中，女性常常扮演着照顾家庭、教育下一代的角色，她们在家庭中的贡献是不可替代的。因此，国家应当为妇女创造更好的工作和家庭环境，这不仅有助于提高女性的社会地位，而且是推动社会和谐和全面发展的重要途径。习近平总书记在不同场合多次强调，妇女是国家和民族的重要力量。他认为，中国的发展和中华民族的伟大复兴，离不开每一位女性的努力和贡献。党的妇女观强调，只有实现男女真正的平等，才能实现中华民族的伟大复兴。

中国共产党长期以来都注重妇女的解放和发展，这一点在党的各级文件、决策和政策中均有所体现。中国共产党对妇女的高度重视和支持，使得中国的女性能够在各个领域都有所作为。在教育、科研、医疗、艺术、政治等领域，都有中国女性的身影。她们不仅为国家的发展作出了巨大贡献，而且为全球女性的发展和解放树立了榜样。

中国共产党的妇女观在解决妇女的工作和家庭矛盾方面起到了关键作用。党始终坚持妇女是社会主体，她们在社会和家庭中的作用是独特且不可替代的。因此，无论是在国家层面的政策制定，还是在地方和企事业单位的具体实践中，党都强调要为妇女创造一个平等、公正的工作和生活环境。党不仅关心妇女的经济地位和权益，而且重视妇女的全面发展和心理健康，认为真正的妇女解放并不仅仅体现在经济独立上，更多地体现在妇女的精神独立和人格完整上。因此，在实践中党始终鼓励女性追求自己的梦想、发挥自己的才华，为国家和社会作出贡献。

中国共产党对妇女的重视和支持，为妇女解决工作和家庭矛盾提供了有力的理论指导。从毛泽东同志对妇女解放的深入思考，到习近平总书记对妇女的高度评价和支持，党的妇女观始终是中国妇女解放运动的理论指南，为解决妇女的工作和家庭矛盾提供理论指导。

（七）为农村妇女发展提供了科学的理论指导和政策支持

中国化马克思主义妇女发展思想是在中国特定的历史、文化和社会环境下发展起来的，它将马克思主义的基本原理与中国的实际情况相结合，为中国妇女特别是农村妇女的发展提供了科学的理论指导和政策支持。

1.中国化马克思主义妇女发展思想强调性别平等的基础性地位

性别平等被视为社会主义社会的基本原则之一，是社会进步和文明的重要标志，是实现社会主义现代化建设的必要条件和重要保障。中国的社会主义建设和发展离不开妇女的广泛参与和积极贡献。

2.中国化马克思主义妇女发展思想关注妇女的全面发展

中国化马克思主义妇女发展思想提倡在经济、政治、文化和社会等各个领域，都要关注与支持妇女的发展和进步。妇女应有权参与经济生活，还应有权参与政治决策和文化创造。通过实现妇女在各个领域的全面发展，可以促进社会的和谐和进步，实现人的全面发展。中国化马克思主义妇女发展思想还强调妇女发展的民族和地区特色。中国是一个多民族的国家，各个民族和地区的妇女都有自己的特色和需要。在推动妇女发展的过程中，要充分考虑各个民族和地区的实际情况和需要，实施差异化与定制化的政策及措施，以保障各个民族和地区妇女的发展权益。此思想还凸显了女性作为社会主体的积极作用，强调女性不仅是社会发展的受益者，而且是推动社会进步的重要力量。它提倡保障和支持农村妇女积极参与到社会生产和社会管理，全面提升农村妇女的社会地位和经济独立性。

3.中国化马克思主义妇女发展思想注重实践和实效

中国化马克思主义妇女发展思想要求在推动妇女发展的过程中，结合中国的实际国情，综合运用经济、法律和行政等多种手段，切实改善妇女的社会地位和生活条件。在此过程中，也需深入挖掘和总结中华优秀传统文化和历史经验，为妇女发展提供有力的文化支持和思想指导。

4.中国化马克思主义妇女发展思想特别强调了集体主义精神和社会责任感

推动妇女发展不仅是妇女自身的事务，而且是全社会共同的责任和使命。所有社会成员，包括政府、企业、社区和家庭，都应该积极参与和支持妇女发展，共同营造一个有利于妇女全面发展的社会环境和文化氛围。深入学习和广泛传播中国化马克思主义妇女发展思想，可以更加明确和坚定推动妇女发展的方向和目标，更加科学和有效地制定及实施相关政策与措施，从而进一步激发妇女的活力和创造力，推动妇女与社会共同发展、共同进步。

5.中国化马克思主义妇女发展思想体现了实事求是的思想方法

推动农村妇女的发展，不能脱离实际、空谈理论，必须深入了解农村妇女的真实需求和愿望，从农村妇女的实际出发，制定符合农村实际的妇女发展策略和计划。只有这样，才能真正推动农村妇女的全面发展，实现妇女和社会的共同发展和进步。为农村妇女发展提供更加科学的理论指导和政策支持，是每名社会主义事业的参与者和建设者应该牢记和实践的重要任务。通过不懈努力，我们可以推动农村妇女和全社会一道，朝着更加公平、公正和富裕的方向持续前进。

6.中国化马克思主义妇女发展思想积极响应和贯彻社会主义核心价值观

中国化马克思主义妇女发展思想明确了农村妇女在社会主义建设中的重要作用和价值，提倡人人平等，崇尚公正和正义，强调团结协作和共同发展，为构建和谐的农村社区和推动农村妇女全面发展提供了价值指导。农村妇女不仅是农村经济生活的参与者，更是农村社区文化和精神生活的传承者和创造者。她们在农村社区的建设和发展中起到不可替代的作用。因此，需要加强对农村妇女的培训和教育，提高她们的社会参与能力，支持她们在农村社区建设及治理中发挥更大的作用。

在未来的实践中，需要继续深入研究和探索中国化马克思主义妇女发展思想的丰富内涵和实践要求，将这一思想更好地转化为推动农村妇女全面发展的实际行动和有效措施，为构建性别平等、互相尊重和共同发展的社会主义现代化国家提供强有力的理论支持及实践指导。

第二章　改革开放以来农村妇女发展存在的问题

改革开放以来，我国农村经历了深刻而广泛的社会经济变革，这一伟大的历史转折为农村妇女提供了前所未有的发展机遇，使农村妇女的社会地位和生活条件得到明显改善。然而，在享受改革红利的同时，农村妇女在发展过程中也遭遇了一系列困难和问题。这些问题的存在，既是农村社会结构和经济体制改革的客观反映，也是农村妇女发展的主观需求和期望的表现。这些问题不仅关系到农村妇女个体的福祉和权益，而且影响到农村社区的和谐稳定及社会主义现代化建设的全面深入进行。只有深入了解与准确把握农村妇女发展中的困难和问题，才能为推动农村妇女的全面发展提供有力的理论支持及政策指导。

本章旨在深入剖析改革开放以来农村妇女在发展进程中所面临的主要困难和问题，分析其深层次原因，并探讨有效的应对策略和措施。农村妇女在各个层面所遇到的发展难题阻碍了她们的进一步发展，需要我们深切关注并积极应对。为了更精准地把握问题的实质，本章将从经济、政治、社会、文化及生态五个层面对农村妇女在发展进程中面临的困难和问题进行深入剖析与翔实考察，以期为推动农村妇女的全面发展和解决农村妇女发展中的问题提供理论依据及政策建议。

从经济层面来看，农村妇女面临就业底层化和负担双重化的严峻挑战，她们在劳动市场的竞争中处于不利位置，往往只能从事低收入、低技能的工作，同时要承担家庭和农业的重负，导致其经济独立性和社会地位受限。

从政治层面来看，农村妇女参与政治的程度相对边缘化，其权益保障也呈现出弱势化态势。此外，农村妇女在政治参与方面的机会有限，他们的声音和利益在决策过程中可能被忽视或者削弱。

从社会层面来看，农村妇女面临的问题表现为婚恋观念的物质化和社会地位及家庭的不稳定化。婚恋市场的现实压力和社会期望使得农村妇女在选择伴侣时更加重视经济因素，所以她们的家庭也越来越不稳定和不确定。

从文化层面来看，农村妇女在教育和文化生活方面处于相对弱势的位置。她们的教育水平普遍较低，文化生活相对贫乏，这不仅限制了她们的个人发展，也加剧了农村贫困问题的固化和传承。

从生态层面来看，农村妇女在农业生产和生态保护中的作用日益凸显，然而她们在这方面的影响和贡献常常被社会忽视和低估。农业的女性化和农村妇女在生态保护中的积极作用需要引起更多人的关注和支持。

本章将围绕上述五个层面，对改革开放以来农村妇女在发展进程中面临的困难和问题进行详尽分析，旨在为推动农村妇女的全面发展提供理论支持及政策建议。深入理解和解决这些问题，可以为农村妇女打开更广阔的发展空间，推动农村社区和整个社会实现共同进步和繁荣。

第一节　就业底层化和负担双重化

经济是社会发展的基础，就业是经济运转的核心。在经济层面，农村妇女面临就业底层化和负担双重化的严峻挑战。农村妇女作为社会不可忽视的一部分，她们的就业状况直接关系到农村家庭与社区的经济稳定和可持续发展。改革开放以来，我国经济发展取得了巨大的成功，农村妇女也有了更多的就业机会。然而，在这个过程中，农村妇女的就业状况面临一系列问题，其中就业底层化和负担双重化是最为突出的两个问题。

就业底层化是指农村妇女在就业市场中通常只能获取较低层次、低收入的职位，她们的工作往往劳动强度大，但待遇较低。这种底层化的就业状况不仅限制了农村妇女的经济收入和社会地位，也影响了她们追求更好生活的可能性。

负担双重化是指农村妇女在承担家庭责任的同时，要承担重体力劳动的农业和非农业工作。这种双重负担不仅使农村妇女身心俱疲，而且限制了她们进一步提升自身能力和改善生活条件的空间。

本节将详细探讨经济层面农村妇女发展面临的就业底层化和负担双重化问题，分析这些问题的产生原因及影响，提出相应的应对策略及建议。深入研究和解决这些问题，可以为农村妇女创造更好的就业环境和发展机会，推动农村经济持续稳定发展。

一、农村妇女面临就业底层化

在改革开放初期，随着农村劳动力市场的逐渐活跃，农村妇女的就业机会有了显著增加。然而，受限于教育水平、技能培训和社会认知等多方面的因素，农村妇女在就业市场中的位置长期处于较为底层的状态，即就业底层化。

（一）就业底层化表现在农村妇女大多从事低收入职业

大多数农村妇女从事的职业通常不要求较高的教育和技能水平，但劳动强度大、工作环境差、收入低。例如，在农田劳作、家政服务、低技术制造业等行业中，农村妇女占有较大比例。而且，农村妇女的就业稳定性较差。由于缺乏专业技能和市场竞争力，她们的工作通常缺乏保障，容易受到经济波动的影响。在经济下行或产业结构调整时，农村妇女往往首当其冲，成为最容易失业的群体。

（二）就业底层化表现在农村妇女的职业发展空间有限

农村妇女往往长时间停留在初级职位，难以获得晋升和发展的机会。即使有些农村妇女经过努力获得了一定的职业技能，但由于社会性别观念和职场歧视的存在，她们的职业发展仍然面临诸多阻碍。

这种就业底层化现象的存在，不仅影响到农村妇女个体的经济收入和社会地位，也影响到她们的家庭及下一代的福祉与发展。为了解决这一问题，我们需要从多个方面进行思考和行动，包括增加对农村妇女的教育和技能培训，改变社会性别观念，消除职场性别歧视，创造更多适合农村妇女的就业机会，等等。这不仅是农村妇女发展的需求，而且是社会经济持续发展及社会和谐稳定的重要保障。

（三）正视就业底层化问题背后的多重原因

第一，教育投入不足和教育机会不平等是主要原因之一。在一些农村地区，妇女的教育水平相对较低，这直接限制了她们获取更好的就业机会的能力。

第二，传统的性别观念和社会预期对农村妇女的就业产生了限制。在一些地区，传统观念仍然认为男性是家庭的主要经济支柱，女性则主要负责家庭和育儿，这使得农村妇女在职业选择和发展上受到限制。

第三，在市场经济条件下，企业在招聘时往往倾向于选择具有更高教育和技能的劳动者，而农村进城务工妇女由于各种原因很难满足这些要求，因此在就业市场上处于劣势。

第四，缺乏有效的就业服务和支持政策也是农村妇女就业底层化的重要原因之一。虽然国家和社会采取了一系列措施来支持农村妇女就业，但是这些措施在实施中存在一些问题和不足，需要进一步改进与完善。

（四）农村妇女就业底层化是城乡融合发展中的重要问题

我们必须认识到农村妇女就业底层化问题是我国经济结构转型、产业升级和城乡融合发展中的重要问题。随着我国经济发展进入新常态，农村地区的经济和产业结构正在发生深刻变化，这虽然为农村妇女提供了新的就业机会，但是带来了新的挑战。为了应对这一挑战，农村地区应加强对新兴产业和服务业的培育及支持，尤其是那些与农村妇女的技能和经验相匹配的产业。例如，乡村旅游、绿色农业、家庭手工业等产业可以成为农村妇女发展的新领域。这些产业不仅可以为农村妇女提供更高收入和更好待遇的就业机会，而且可以帮助她们实现从传统农业劳动者到现代服务业从业者的转变。

要重视农村妇女的创业和创新能力，支持她们参与农村经济的创新和创业活动。可以通过提供贷款、培训、技术支持等方式，帮助农村妇女自主创业，培养农村妇女创业家，促进农村经济的多元化和现代化发展。要加强农村妇女的人力资本投资，提高她们的综合素质和竞争力。除了基础教育和职业培训，还应加强针对农村妇女的心理健康、法律知识和社交能力的培训，帮助她们更好地适应现代社会和经济发展的要求，充分发挥她们的作用。

总之，农村妇女就业底层化问题是一个复杂的社会现象，涉及经济、文化、教育和社会多个领域。各方要共同努力，采取全面、系统和创新的措施，确保农村妇女在我国经济和社会发展中获得公平、公正的机会，实现全面发展和自由解放。

二、农村妇女面临负担双重化

改革开放以来，中国农村地区的经济活力明显增强，这为农村妇女带来了多样的就业机会。然而，随着经济的发展，农村妇女往往陷入一种双重负担的困境：一方面是外出工作带来的重压，另一方面是家庭责任的持续加重。

（一）双重负担的表现

在外出务工的情况下，农村妇女不仅要面对劳动市场的竞争压力，而且要适应不同的工作环境和要求。此外，她们通常从事的是高强度、低收入和低保障的工作，这使得她们在工作中承受着极大的心理和生理压力。而在家庭方面，尽管农村妇女参与了市场劳动，但她们仍是家庭中不可或缺的角色。她们需要照顾家中的老人和孩子，参与家务劳动，这就加大了她们的心理和生理负担。由于缺乏必要的社会支持和服务，她们很难平衡工作和家庭的责任，因此常常感到疲惫和困惑。

农村妇女的双重负担问题更加凸显了城乡差异、性别歧视和社会服务不足等深层次问题。从历史和文化的背景来看，农村妇女长期以来扮演着"家庭守护者"的角色，负责家庭的稳定和家务劳动。但随着社会经济的发展，她们也被期望能够为家庭提供经济支持，这导致农村妇女在满足家庭和社会期望时经常感到身心疲惫。

这种双重负担现象折射出我国部分农村地区的社会福利和服务体系还不够完善。例如，一些农村地区的托幼、养老和家政服务远远落后于城市，这使得农村妇女在工作和照顾家庭之间难以取得平衡。另外，一些传统的性别观念和角色定位仍然影响着农村妇女的选择，使她们在追求职业发展和维护家庭和谐之间感到纠结。

解决这一问题，需要从制度、文化和实践三个方面入手。在制度上，政府应加大对农村社会服务的投入，建设更多的托幼和养老机构，推动家政服务业在农村的普及，为农村妇女提供更多的支持和帮助。在文化上，需要通过教育和宣传活动，改变社会对农村妇女的刻板印象，鼓励社会公众认识和尊重农村妇女的多重角色与贡献，打破传统的性别观念和角色定位。在实践中，应当鼓励企业、社团和社区参与农村妇女就业及家庭支持的项目，为她们提供更多的实践机会和平台，帮助她们实现职业和家庭的和谐发展。

农村妇女的双重负担问题既是一个经济和社会问题，也是一个文化和制度问题。只有通过综合施策，以及全社会共同努力，才能真正解决这一问题，从而为农村妇女创造一个公平、公正、和谐的工作及生活环境。

（二）双重负担问题的解决策略探索

对于双重负担问题的解决，一方面要为农村妇女提供更多的资源和空间，另一方面需要农村妇女自身积极应对。这里的资源不仅包括经济资源，还包括教育资源、信息资源和社交网络等，这些都是农村妇女实现职业和家庭平衡的重要支撑。

教育资源是农村妇女解决双重负担问题的基础。通过教育，农村妇女可以丰富自己的知识和技能，提升自己在就业市场上的竞争力。教育还可以帮助她们打破传统的性别观念和角色定位，使她们可以更加自信和自主地参与社会和经济活动。

信息资源和社交网络是解决双重负担问题的关键。信息资源可以帮助农村妇女获取更多的就业和创业机会，了解外部世界的变化和发展，更好地规划自己的职业和家庭生活。社交网络则可以为农村妇女提供更多的支持和帮助，帮助她们在遇到困难和压力时获得心理与实际的支持。

在资源支持的基础上，应对双重负担问题，农村妇女要更加积极和主动地学会更好地平衡工作和家庭，学会更好地利用外部资源和支持，学会更好地维护自己的权益和尊严。

面对农村妇女的双重负担问题，应结合政策支持、社会服务和农村妇女自身的努力，形成多层次、多维度的解决策略。这种综合策略，不仅可以改善农村妇女的工作和生活条件，而且可以推动农村社会的整体发展和进步，实现更加公平和可持续的社会发展目标。

为了更具体和深刻地解决农村妇女的双重负担问题，有必要开展多领域的深入研究和跨部门的合作行动。

第一，在经济领域，需要通过政策干预和市场激励的方式，促进农村妇女就业创业。具体来说，可以通过提供贷款、减税、培训和市场推广等服务，支持农村妇女开展个体经营和小企业创业。此外，应通过职业培训和教育，提高农村妇女的人力资本，增强她们在就业市场的竞争力。

第二，在社会领域，要加强农村社会保障体系建设，提供更多的社会服务和支持。这包括建立和完善农村托幼、养老、医疗和教育等社会服务体系，减轻农村妇女的家庭负担。此外，要加强农村社区的建设和管理，提高农村社区的凝聚力和向心力，为农村妇女提供更多的社交和心理支持。

第三，在文化领域，要进行更多的公共宣传和教育，改变社会对农村妇女的刻板印象和歧视态度。通过文化引导和示范，推广性别平等和女性赋权的理念与实践，鼓励社会更加尊重和支持农村妇女的发展与权利。

通过上述多领域的策略和行动，不仅可以缓解农村妇女的双重负担，而且可以推动农村社会的整体发展与进步，为构建更加公平、和谐和可持续的农村社会奠定基础。

第二节　参政边缘化和权益弱势化

在进入新发展阶段的同时，农村妇女在政治领域的参与和权益保障面临一系列的挑战。尽管我们持续推进性别平等和女性赋权的议程，但是农村妇女在政治参与方面相对边缘化，其权益保障也显得相对脆弱。参政边缘化和权益弱势化成为农村妇女实现全面发展的主要障碍之一。

参政边缘化表明农村妇女在政策制定、社会管理和公共服务等领域的参与度有限。尽管农村妇女是农村社会的重要组成部分，但是她们在决策层面的组成却不尽如人意。一方面，由于传统文化观念和社会结构，农村妇女在参政议政方面的积极性和自信心受到限制；另一方面，现有的制度和政策还不足以充分挖掘农村妇女的政治参与潜力。

权益弱势化亦反映了农村妇女在维权方面的困境。在农村地区，妇女权益的维护和促进还需加强。一些农村妇女在面对权益受损时缺乏有效的求助途径和维权渠道，以及在权益保障方面缺乏必要的知识和意识。

因此，对于农村妇女的政治参与和权益保障问题，我们需要深刻反思并积极应对，真正使农村妇女成为参与社会政治生活的主体。本节将深入探讨这一问题的成因及其对农村妇女发展的影响，并提出一系列解决策略。

一、农村妇女面临参政边缘化

（一）参政边缘化是多因素共同作用的结果

参政边缘化是指农村妇女在政治参与方面所遭遇的一系列限制和障碍。

1. 文化因素

在一些农村地区，由于长期受到传统性别观念的影响，妇女被认为应该专注于家庭和家务，而非参与社区和政府的决策及管理。这些传统观念限制了农村妇女的政治参与意识和能力，使她们在参政议政方面更为被动与消极。

2. 教育水平

在一些农村地区，由于教育资源相对匮乏，农村妇女的教育水平普遍较低，这不仅限制了她们获取和理解政治信息的能力，而且降低了她们参与政治活动的自信及积极性。

3. 政治参与渠道和机制

在一些情况下，农村妇女缺乏参与基层政府和社区组织决策的渠道与机会，她们的需求和意见可能不被听到及采纳。同时，由于农村社区的组织和管理结构还不够完善、民主，农村妇女在参与社区和政府的决策、管理时还面临着种种障碍与困难。

农村妇女的参政边缘化是文化、教育和制度等方面共同作用的结果。要解决这一问题，需要采取一系列综合措施，包括改变文化观念、提高教育水平、完善政治参与渠道和机制等，以促进农村妇女的广泛及有效参与，使农村妇女享有平等的权利和机会。

（二）参政边缘化的解决路径探索

解决农村妇女参政边缘化问题，能为她们提供更加公平、有利的参政环境和条件，从而促进她们更广泛、有效地参与政治生活，推动农村社会平等、和谐、可持续发展，进而实现社会全面进步与发展的目标。推动农村妇女积极参政的努力需持续进行，以保证她们在社区的发展和变革中发挥积极作用。她们的声音和意见是决策过程中不可或缺的，因为她们带来了独特的视角与经验，有助于形成更加全面和切实可行的政策及计划。

1. 培养和增强农村妇女的参政意识

培养和增强农村妇女的参政意识，可通过开展各种公共教育和宣传活动，强调女性参与政治的重要性和紧迫性，同时为农村妇女提供相关的培训和指导服务，帮助她们更好地理解和行使自己的政治权利。

2. 建立更为开放和透明的政治参与机制

要建立更为开放和透明的政治参与机制，需要改进现有的选举制度和决策流程，确保农村妇女能够公平地参与各种政治活动。为此，应进一步完善相关法律法规，保障农村妇女的政治权益，同时需要设立和实施各种措施、制度，以提升农村妇女在政治领域的活跃度。上述努力有助于农村妇女克服参政的障碍和限制，积极参与社区和政府的决策与管理，为推动农村社会的发展和进步作出更大的贡献；而她们的参与和贡献也将为推动性别平等和女性赋权，构建更加公平、包容的社会和政治环境奠定坚实的基础。我们的最终目标是构建一个在政治参与方面更加包容和平等的环境。

3. 提供教育和培训服务，推进农村妇女参政事业的步伐

农村妇女参政是促进社会平等与公正的重要一环。实施具体措施时，需要留意调整和优化的空间，以便更好地适应农村妇女参政需求与实际情况的变化。在这个过程中，持续的教育和培训是必不可少的，我们需要构建一种持续学习和改进的文化体系，以确保农村妇女能够适应不断变化的政治环境和参与要求。为此，应通过各种形式和渠道提供教育及培训服务，帮助农村妇女不断提升自己的知识和能力，以更好地为社会的发展作出贡献。同时，反思和总结经验是非常重要的。农村妇女参政的每一次尝试和实践，都是我们学习与改进的宝贵资源。我们需要定期总结和分析农村妇女参政的经验及教训，及时调整和优化相关政策与措施，以更好地支持和促进农村妇女参政。

要为农村妇女提供一个更加公平和有利的政治参与环境及条件，使她们在参政议政中拥有更多的空间和机会。这有助于实现农村妇女的全面发展和为农村妇女发展赋能，推动农村社会的进步和发展，为建设一个更加平等和公正的社会奠定坚实的基础。

二、农村妇女面临权益弱势化

农村妇女权益弱势化是一个复杂且多维度的现象，表现在各个层面，涉及社会、经济、文化等方面的多个因素。权益弱势化不仅妨碍了农村妇女的个体发展，而且限制了社会的整体进步和平等发展。

（一）农村妇女权益弱势化的表现

1. 缺乏必要的社会保障和服务

由于农村地区的基础设施和社会服务通常比城市落后，因此农村妇女在医疗、教育、就业等方面都面临更多的困难和挑战。同时，受制于传统的性别角

色和家庭责任，她们往往难以享有与男性平等的社会权利与机会。

2. 经济状况不稳定和脆弱

许多农村妇女依赖非正规的和不稳定的劳动市场，或者完全依赖家庭的经济收入，缺乏必要的经济资源和能力，难以获得稳定和有尊严的工作及收入，也更难以抵御经济风险和冲击。

3. 文化素质总体上仍然较低

虽然近年来农村女性的文化教育水平有所提高，但是农村地区的教育资源相对匮乏，农村妇女的文化教育需求往往得不到充分满足。由于缺乏必要的知识和技能，她们在社会和经济生活中的地位及影响力也相对较弱。

4. 法律意识薄弱、维权意识不强

在权益弱势化现象中，许多农村妇女并没有充分认识到自己的权益，也缺乏维权的知识和技能。当她们的权益受到侵犯时，往往不知道如何通过法律途径来保护自己。法律意识的薄弱使得农村妇女在权益保护方面更加处于弱势。

5. 歧视女性和压抑女性的传统观念及做法依然存在

社会对农村妇女权益的忽视也表现在一些文化观念和社会习俗上。在个别农村地区，仍然存在着歧视女性和压抑女性的传统观念及做法。这些观念及做法不仅限制了农村妇女的自由和权益，而且对她们的自尊和自信产生了负面影响。

（二）农村妇女权益弱势化的改进措施探索

1. 加大法律宣传和教育力度

政府需要加大法律宣传和教育力度，提高农村妇女的法律意识和维权能力。通过各种形式的宣传和培训，使农村妇女了解自己的权益，掌握基本的维权知识和技能。

2. 增强性别平等和女性权益保护的观念

社会需要进一步增强性别平等和女性权益保护的观念，消除一切形式的性别歧视和压迫。这需要各级政府、社会组织和公众共同努力，营造一种尊重女性、保护女性的社会氛围及文化。

3. 完善和强化农村妇女权益保护的法律和政策

政府需要完善和强化农村妇女权益保护的法律和政策，为农村妇女提供更加有力的法律保障。这包括制定和修订相关法律法规，加大对农村妇女权益侵犯行为的处罚力度，提供必要的法律服务和支持，等等。

4. 通过教育和宣传来逐步改变传统文化和社会观念的影响

对于传统文化和社会观念的影响，需要通过教育和宣传来逐步改变。这既包括提高农村妇女的自身意识和自尊心，也包括改变社会对农村妇女的刻板印象和歧视态度。只有社会的观念发生变化，农村妇女才能真正摆脱权益弱势化的困境。

5. 改善农村妇女的生活环境和工作条件

在经济和社会条件方面，需要采取具体和切实的措施来改善农村妇女的生活环境和工作条件。这包括增加对农村基础设施和公共服务的投入，增加农村妇女的就业和创业机会，以及加强对农村妇女教育和培训的支持。这些措施可以为农村妇女提供一个更为公平、友好的发展环境，帮助她们摆脱权益弱势化的困境。

6. 构建全社会参与的农村妇女权益保护网络

政府、企事业单位、社会组织和广大公民都应参与进来，共同关心和支持农村妇女的权益。通过大家的共同努力，可以为农村妇女创造一个更为公平和包容的社会环境，让她们在这个环境中自由发展。这样，农村妇女不仅能够为自己创造一个更好的未来，而且能为社会的进步和发展作出更大的贡献。

解决农村妇女权益弱势化问题，需要多方面的共同努力和配合。通过综合施策，我们可以逐步改善农村妇女的权益状况，支持她们更好地发展并贡献于农村社区和全社会。通过社区、家庭和个人的积极参与，结合广泛的社会宣传及教育，可以逐步构建一个更为平等、公正的农村社会，让农村妇女享有她们应得的权益和尊严。这不仅有利于农村妇女个体的发展，而且能推动农村社区和整个社会的进步与繁荣，因此，这是构建社会主义和谐社会、实现社会全面进步和发展的必然要求。

第三节　婚恋物质化和家庭不稳定化

在社会层面，农村妇女面临的婚恋物质化和家庭不稳定化问题，既是农村社会发展的两个显著特征，也是农村妇女权益保障中不可忽视的重要方面。婚恋物质化不仅反映了现代农村社会价值观的变化，也反映了农村妇女在追求幸福婚姻的道路上所面临的现实困境。家庭不稳定化表现为农村社区的家庭结构和家庭关系的变动，这些变化直接影响农村妇女的生活稳定与心理健康。

本节将深入探讨婚恋物质化和家庭不稳定化对农村妇女发展产生的影响，并尝试提出一些应对策略。

一、农村妇女面临婚恋物质化

婚恋物质化是近年来农村社会文化现象中显著的一项。这一趋势在农村妇女的婚恋过程中表现得尤为明显，对她们的人生选择和生活质量都产生了深刻影响。2019年中央一号文件（《中共中央 国务院关于坚持农业农村优先发展做好"三农"工作的若干意见》）首次对婚丧陋习、天价彩礼、孝道式微、老无所养等不良社会风气提出治理要求。2024年中央一号文件再次明确要求，持续推进高额彩礼、大操大办、散埋乱葬等突出问题综合治理。6年来，中央一号文件5次点名"高价彩礼"，足见党和国家对这一问题的重视程度和治理决心，也从侧面说明治理这一问题的长期性、复杂性和系统性。

（一）婚恋物质化的不良影响

1.婚恋物质化在很大程度上改变了农村妇女选择伴侣的标准和期望

在传统观念里，彩礼高代表嫁得好，即谁的彩礼高，谁就嫁得好。在这种文化氛围下，经济条件和物质基础成为评判配偶的主要标准，而个性、性格和感情契合度相对被忽视。这不仅让农村妇女在选择伴侣时面临很多压力和困惑，而且可能导致她们最终建立起来的家庭关系缺乏深层的感情基础和精神支持。

2.婚恋物质化增加了农村妇女的经济负担和精神压力

在物质化婚恋观的影响下，农村妇女往往需要投入更多的资源和精力来满足婚姻的物质需求，如购买房产、车辆和其他财务安排。这不仅消耗了农村妇女的经济资源，而且使她们在婚姻中承受了过多的心理压力和不安。

3. 婚恋物质化可能影响农村妇女的社会地位和自身价值认知

在一些农村社区，物质基础成为衡量一个人社会地位和成功的重要标志。这使得那些无法满足高物质标准的农村妇女可能感受到社会排斥和自我贬低，从而对她们的自尊和自信产生负面影响。

婚恋物质化是农村妇女权益保障的一大挑战，需要多方共同努力来应对。综合的策略和措施，可以帮助农村妇女抵抗物质化的压力，实现真正的婚恋自由和幸福。这将是一项长期和系统的工作，需要政府、社区、家庭和个人共同参与及协作。面对婚恋物质化的现象，需要深入了解其根源和机制，发展有效的应对策略和干预措施。推广更为健康和均衡的婚恋观念，以及提供更多的经济和心理支持，可以帮助农村妇女摆脱物质化的压力，获得真正的感情和婚姻幸福。

（二）综合施策帮助农村妇女抵抗物质化压力

1. 文化建设的重要性不可忽视

文化是影响人们观念和行为的深层因素，通过文化引导和文化建设，可以逐渐改变农村社区对婚恋和女性的固有观念，培育出更加开放和包容的社会氛围。例如，可以通过文化活动和文化产品，宣传、推广性别平等和女性权益保护的重要性，以及非物质化的婚恋价值观和人生观。

2. 教育是培养妇女自尊、自信和自立的基石

增加教育投入，可以帮助农村妇女树立正确的世界观、人生观、价值观，拥有更多选择自己人生道路的勇气和智慧。特别是在性别平等和女性权益保护方面的教育，可以让她们更加明白自己的权利、价值，不轻易屈服于社会的不公和压力。提供经济支持和培训是必不可少的。通过为农村妇女提供更多的职业培训和创业机会，可以提高她们的经济独立性，从而在婚恋中有更多的选择与决定权。相应的心理健康服务也是必要的，可以帮助她们应对婚恋中的压力和困惑，维护自身的心理健康和幸福感。

3. 培养农村妇女的自尊心和自立意识

打破婚恋物质化的桎梏，不仅需要政策层面的支持和社区层面的努力，而且需要每名农村妇女内心的觉醒和文化层面的转变。农村妇女应该深刻认识到

婚姻不仅仅是经济交易，更是两个个体间基于理解、尊重和爱意的联结。因此，培养农村妇女的自尊心和自立意识，强化她们在婚恋中的主体地位，是缓解婚恋物质化问题的关键。全社会都应该关注农村妇女在婚恋物质化现象中的处境，创造更加包容和开放的文化氛围。一种健康的婚恋文化应强调个人价值和相互尊重，而不是过度强调物质基础和经济条件。在健康的文化环境中，农村妇女可以更加自由和坚定地追求自己的婚恋幸福，而不是被物质利益困扰与限制。

4. 科技可在解决婚恋物质化问题中发挥关键作用

通过科技手段，可以更方便地传播正确的婚恋观，提供心理咨询和法律援助等服务，帮助农村妇女应对婚恋困境。同时，科技能够帮助她们拓宽视野，增强自身的经济独立性和社会参与度。

5. 政府、社会组织和家庭要共同发挥作用

通过立法和政策措施，制止婚恋物质化现象。同时，可以通过宣传和教育活动，推广更为理性和人性化的婚恋观念，引导社会形成更为健康、积极的婚恋文化氛围。基层组织和社区也是推动变革的重要力量，他们与农村妇女最为接近，最了解农村妇女的需求和困境，可以发挥桥梁及纽带的作用，将政策和社会资源有效地传递给农村妇女。同时，可以通过组织各种活动与服务，为农村妇女提供更多学习和交流的机会，帮助她们增强信心、提升能力。

家庭和社会需要对农村妇女进行相应的教育及引导。宣传以个性和感情为基础的婚恋观念，以减轻农村妇女面临的物质化压力。通过教育和宣传，社区能够培养出更加开放和包容的价值观，建立稳定和愉快的家庭关系，促进形成更健康和可持续的婚恋文化。社区和家庭需共同努力。家庭是女性成长的第一环境，家庭中的价值观和期望会深刻影响到每名女性。通过对家庭进行合理的教育和引导，让家庭成员尊重女性，支持女性的发展和选择，可以为农村妇女创造一个更加友好的成长环境。

各种社会组织和团体可以通过实际行动，为农村妇女提供更多的服务与帮助，支持她们在维权和发展的道路上取得更多的成就。此外，要通过各种渠道和形式，宣传农村妇女权益保障的重要性与紧迫性，引导社会形成对农村妇女友好和支持的舆论氛围。

社区作为农村妇女日常生活的重要组成部分，其文化氛围和社会支持对农

村妇女的影响不可忽视。通过社区组织的力量，可以推广和宣传健康的婚恋观念，为农村妇女提供更多的信息和支持，帮助她们更好地应对婚恋中的问题和压力。

社会需要营造一种更加公平、公正的观念环境，去除对农村妇女的各种刻板印象和歧视，真正实现性别平等，让农村妇女在社会中得到应有的尊重和待遇。

6. 农村妇女应成为推动自身权益保障的主体和力量

农村妇女需积极参与这一变革过程，学习和了解自身权益，增强自己的法律意识和社会参与意识。在遇到婚恋物质化等问题时，应敢于表达和维权，寻求法律和社会的帮助与支持。通过自己的实践和努力，农村妇女可以为自身和同伴创造一个更为公平、开放的婚恋环境。农村妇女自身的觉醒和行动非常重要，她们是变革的主体及受益者，只有她们真正站起来，为自己的权益发声和行动，才能推动社会的真正变革和进步。通过自我教育和自我提升，农村妇女可以更好地捍卫自己的婚恋权益，实现真正的人生幸福和自由。

7. 深化对农村妇女权益的研究与实践

推进相关政策和制度改革是关键。学术界和政策界需要关注农村妇女在婚恋物质化等社会问题面前的真实需求和困境，进行深入的研究及分析。基于实证研究结果，可以推出更为切实和有效的政策与措施，为农村妇女提供强有力的保障和支持。

随着社会的进步和发展，人们对妇女权益的认识日益加深，然而，在一些农村地区，存在一些需要改进和调整之处。农村妇女在面临婚恋物质化问题时，需要社会各界的理解、尊重和支持。在此基础上，通过多层面、多角度的合作和努力，共同营造一个有利于农村妇女健康成长和发展的社会环境。总之，终极目标是实现农村妇女的全面发展和婚恋自由，让她们在追求幸福的道路上不受物质因素的过度限制。每名社会成员都应该为此作出努力，共同推动构建一个更加公平、公正和包容的社会环境，让每名农村妇女都能过上自己期望的生活。

综上所述，要全面解决农村妇女面临的婚恋物质化问题，需要综合施策，多管齐下。只有农村妇女自身、家庭、社区、学术界、政策界等共同参与和努力，才能真正推动农村妇女权益保障工作的持续和深入发展，让每名农村妇女都能享有真正的幸福和尊严。解决农村妇女面临的婚恋物质化问题并非一朝一夕之功，也并非靠单方面的努力，而是需要社会从多个层面形成合力，构建一个更加有利于农村妇女健康婚恋的大环境。

二、农村妇女面临家庭不稳定化

受市场经济中金钱至上思想的侵蚀，以及男尊女卑传统观念的影响，一些农村妇女的婚姻价值取向发生偏离，市场化和商品化将人们的婚恋欲求以物质的形式呈现出来，将婚姻缔结视为一种等价交换，即用自己的优势资源向对方交换自己需要且缺乏的资源。无论是合法婚姻还是恋爱关系，如果不是建立在感情基础上，而是利益交换、权衡利害的结果，那么很容易加大婚姻解体、家庭暴力等问题的风险比例，呈现出家庭不稳定化的趋势，成为潜在的社会不稳定因素。

（一）导致农村妇女家庭不稳定的因素

1. 早婚早育

2021 年 1 月 1 日起施行的《中华人民共和国民法典》中，第一千零四十七条规定："结婚年龄，男不得早于二十二周岁，女不得早于二十周岁。"但是在一些农村地区，依然存在一些早婚现象。个别农村地区长辈的观点仍然过于传统守旧，教育思想较为落后，一些经济困难的家庭，还认为孩子上学没有用，不如早点结婚或外出打工赚钱。个别农村女孩早早辍学，早婚早育。一些早婚夫妻由于思想上不够成熟、劳动技能缺乏，难以承担起抚养教育下一代的职责和义务。更由于过早抚养孩子和承受家庭重担，对妇女的身心健康产生严重影响，容易产生心理落差而引发家庭危机，不利于家庭和谐稳定，进而带来诸多社会问题。

2. 闪婚闪离

对于农村妇女来说，由于所处环境相对封闭，社交圈较窄，因此她们在面对婚姻选择时容易仓促决定。虽然网络直播、交友、即时通信等软件的普及为农村青年婚恋交友提供了平台，但是由于缺乏监管和引导，网恋的婚恋价值观往往进一步推动农村青年闪婚。个别女性急于通过婚姻来改变现状，出于功利目的而闪婚。闪婚普遍缺乏深厚的感情基础，男女双方对彼此的性格、价值观、生活习惯等方面缺乏足够的了解，婚姻的缔结大多只关注金钱、年龄、外貌这些看得到的外在条件，而非建立在一段时间的接触和感情的积累之上，因此容易在婚后面对现实问题时产生矛盾和冲突，进而闪离。高价彩礼基础上的闪婚闪离带来的退婚、退彩礼风波，很可能带来较大的家庭冲突，甚至滋生法律风险，产生恶劣的社会影响。

3.进城务工流动

随着打工潮的兴起，许多农村青年为了更好地改善生活而外出务工，将孩子留给祖辈照顾，让这些孩子成为留守儿童。农村妇女，或者成为留在家乡照顾孩子的"留守妇女"，或者成为和丈夫异地打工的进城务工妇女。她们长期与丈夫两地分居，夫妻感情容易因交流的减少而逐渐淡漠疏远。单亲或留守家庭的孩子长期见不到父母，且夫妻双方都无力或不愿承担抚养孩子的责任，会对家庭稳定造成极大的冲击，并衍生了留守儿童、留守老人等系列问题。而作为农村社会根基的家庭若出现不稳定问题，将会对社会发展带来一系列难以预估的影响。

（二）应对家庭不稳定化的有力政策和措施

农村妇女之所以会面临家庭不稳定化，是因为社会经济、文化和结构在一段时间内经历快速的变革与转型，经济结构的快速变化和城市化进程的加速引发人们思想观念的变化，同时市场经济的等价交换带来婚恋伦理道德缺失。这是家庭责任意识淡薄及基本法律意识薄弱的表现，需要采取有力的措施来应对。

1.通过宣传普法教育行动，纠治早婚早育等陈规陋习

乡社会事务办、妇联、团委、司法所等部门应协同联动，常态化开展预防早婚早育专项行动，全力落实好救助帮扶和关心关爱活动，健全完善村规民约。根据不同对象的具体情况分类施策，靶向发力：针对法律意识较薄弱、陈规陋习较顽固的家长，加强普法宣传教育；针对父母长年外出务工、疏于管教的学生，动员家长与子女多交流，工作人员定期对其进行心理疏导，引导其树立正确的择偶观，自觉坚决抵制早婚早育，积极主动做婚育新风的实践者。通过开展预防早婚早育专项行动，引导群众树立良好的家风民风村风，从社会层面减少早婚早育等乡村陈规陋习，弘扬乡村整体文明风气。

2. 完善婚恋家庭政策法规体系，加强婚恋价值观引导

国家及有关部门应当制定宏观计划与相关政策，引导和培育农村居民健康的婚恋价值观，帮助他们树立正确的世界观、人生观、价值观，加强其家庭和社会责任感。由于我国农村地区地域广、人数多、情况复杂，国家有关部门应制定全国性的整体规划，并使其有计划、有目的、有步骤地进行，从政策、技术、资金等方面鼓励和支持开展各项宣传活动，并加以规范指导和检查督促，确保这项工作在全国农村健康、顺利地开展。

3. 加快户籍制度改革，促进农村务工人员"家庭化"流动模式

近年来，新生代进城务工人员越来越呈现出举家流动的趋势，出现不少以家庭为单位搬到流入地居住生活的情况。大幅提高流动人口的家庭化程度，推进农村人口流动模式的转变，也就是鼓励和推进家庭整体流动，加快推进户籍制度改革，实现我国农业转移人口市民化，实现农村流动人口举家在城市中居住、就业和子女就学，实现其居家生活的基本需求和夫妻之间的同步城市化与市民化，从而保持婚姻、家庭和社会的稳定。

第四节　教育弱势化和贫困阶层固化

随着时代的演进，教育日益成为个体发展和社会流动的关键要素。在农村地区，妇女由于种种原因在教育方面往往处于较为弱势的位置。她们面临着诸多困境，包括教育资源的匮乏、社会文化偏见、家庭职责的重负等。这些因素一方面阻碍了她们的教育获得和发展，另一方面减少了她们改善生活条件和实现社会上升的可能性。

农村妇女面临的贫困阶层固化问题变得尤为突出。贫困不仅是一种经济状态，还强烈影响着一个人的心理状态、生活方式和社会参与度。对于农村妇女来说，贫困不仅限制了她们获取更高质量教育的机会，也在很大程度上限制了她们的社会活动和发展空间，从而构成了一个恶性循环，不利于她们改变现有的社会和经济地位。

教育弱势化和贫困阶层固化两个层面的问题，虽然分别凸显在教育和贫困两个方面，但它们实质上相互关联、相互影响，共同构成了农村妇女发展的难题。本节将分别深入探讨这两个方面的问题，并尝试找寻可能的解决路径，以

期为农村妇女的全面发展提供一些有益的思考和建议。

一、农村妇女面临教育弱势化

随着经济和社会的发展，教育已成为通向更好生活的关键。然而，在一些农村地区，尤其是在偏远地区，妇女在教育方面的获得率依然低于男性。在这种教育弱势化现象的背后，隐藏着复杂的社会、文化和经济等因素。

（一）社会文化因素的影响

社会文化因素对农村妇女的教育有着深远的影响。在个别农村地区，尤其是在一些较为保守的地区，男尊女卑的观念依然存在。在这样的背景下，男孩被视为家族的延续和未来的经济支柱，而女孩往往被看作"外人"，将来会嫁到其他人家，因此在家庭资源有限的情况下，男孩的教育被认为更为重要。

这种文化观念也与家族延续和财产传承的观点相结合。男孩被视为家族的继承者，负责传承家族的荣誉和财产，而女孩的命运往往被认为是与其他家族紧密相连的。因此，投资于男孩的教育被视为长远的投资，而投资于女孩的教育被认为是短暂的、没有长期回报的投资。

（二）社会对女性的角色定位影响农村妇女的教育

在传统观念中，女性的主要职责是照顾家庭、生育子女和从事家务劳动，这种固定的角色定位在一定程度上使得家庭和社会对女性的教育期望相对较低。她们的未来往往被预设为成为贤良淑德的妻子和母亲，而不是有学问、独立的个体。一些传统的观念（如早婚、缺乏对女孩性教育的重视）也加剧了女性教育的问题。这种社会文化背景形成了一个相对封闭的环境，限制了农村妇女对教育的追求和参与。要真正实现教育平等，需要深入理解和挑战这些深层次的社会文化因素，以营造一个更加公平、包容的教育环境。

（三）教育资源的不平衡分配

教育资源的不平衡分配对农村妇女的教育造成了巨大的阻碍，主要体现在以下四个方面。

其一，地理分布上的不均衡意味着一些农村地区缺乏基本的教育设施。与城市或经济较发达的地区相比，农村地区的学校可能距离家庭较远，学校设施陈旧，教学资源缺乏。这意味着，即使家庭和女孩个人有受教育的意愿，她们也可能因为物理距离或设施不足而无法获得教育。

其二，教育质量问题是农村地区常见的问题。由于各种原因（如低薪、硬件设施不足、社会认知偏低等），农村地区往往难以吸引和留住优质的教育工作者。因此，农村学校可能面临教师资源短缺、教师教育经验与技能不足等问题，直接影响教育教学质量和学生的学习效果。

其三，针对农村妇女，这种教育资源的不平衡分配问题更加突出。由于传统观念的影响，当家庭面临经济压力或需要劳动力时，女性往往是首选的从学校中退出去完成家务劳动或参与农业生产的人。这意味着，在资源有限的情况下，女性可能会失去与男性竞争的机会。

其四，缺乏针对女性的特定教育资源（如女性健康教育、生育健康教育等），限制了农村妇女的全面发展。这不仅影响她们的身体健康，而且限制了她们在社会、经济和家庭中作用的发挥。

总之，教育资源的不平衡分配是农村妇女教育问题的一个核心因素，这不仅关乎物质资源的分配，更关乎社会、家庭和文化对女性教育价值的认知。要解决这一问题，需要从多个层面入手，确保公平、有效地分配教育资源。

（四）经济困难与家庭压力是农村妇女教育受阻的关键因素

经济困难与家庭压力是农村妇女教育受阻的关键因素之一。对于许多农村家庭，尤其是那些生活在贫困线附近的农村家庭，教育投资是一项巨大的经济负担。学费、图书、校服、交通和其他相关费用可能会消耗家庭的大部分收入。在这样的环境中，每一次教育投资都要经过深思熟虑，尤其是当家庭中有多个孩子时。这种经济压力加上深植的性别偏见，使得女性的教育经常成为可牺牲的选项。因此，当家庭面临经济紧张状况时，女性的教育往往是第一个被牺牲的。

家庭压力不容忽视。农村家庭往往依赖劳动力来维持生计，女性常常被期望参与家务劳动、照顾弟弟妹妹或助力农业生产。这不仅占用了她们的学习时间，而且加重了她们的身体负担。与此同时，家庭成员尤其是长辈，可能不完全理解或支持女性受教育的价值，他们可能更看重女性的家务技能，或者希望她们早日结婚。

经济困难与家庭压力相结合，增加了农村妇女教育之路上的障碍。这不仅剥夺了她们学习知识和技能的机会，而且限制了她们在社会与家庭中作用的发挥。要改变这一现状，需要深化社会对女性教育价值的认识，加大对农村教育的投资，同时鼓励和支持农村家庭赋予女性平等的教育机会。

（五）对未来的低期望影响教育追求

农村妇女对未来的低期望成为一个潜在的、持续影响她们教育追求的障碍。这种低期望源于多个方面互相强化的观念和实践。传统的性别角色观念已经为农村女性预设了一个相对固定和有限的人生轨迹：成为一个贤良的妻子、母亲，照顾家庭，从事农业或家务劳动。在这种预设的未来中，高等教育或专业技能并不是必需的。

社区和家庭的反馈循环也进一步强化了这种低期望。当周围的人们（包括亲人、邻居和社区成员）普遍认为女性的最好归宿是早婚、早育和忙于家务时，这种观念很容易被个体内化。女性可能认为，即使她们受到了更高的教育，也很难改变预定的命运或得到社会的认可。实际的生活经验也可能加强这种低期望。例如，如果一个农村女孩看到她的姐妹或朋友在完成初中或高中教育后仍然回到农村，继续传统的生活方式，她可能会质疑继续教育的意义。

这种对未来的低期望不仅限制了农村妇女对教育的追求，而且可能导致她们缺乏自主性和自信心，不敢追求个人的梦想和目标。要打破这种固有模式，关键在于改变整个社会对农村妇女潜力的看法，鼓励她们建立更高的自我期望，并为她们提供实现这些期望的机会和资源。

对于农村妇女，教育不仅是获取知识和技能的途径，更是赋予她们更多选择、更好未来和更高自主性的关键。但由于多种因素的交织与影响，农村妇女在教育追求上面临诸多障碍。社会文化的固有观念、教育资源的不平衡分配、经济与家庭压力及对未来的低期望，共同构筑了一个制约农村妇女发展的框架。然而，识别并深入理解这些问题只是第一步，真正的挑战在于如何打破这些束缚，为农村妇女提供平等、高质量的教育机会。这需要全社会的努力与参与，需要政策、文化、家庭和个人共同推动。只有当农村妇女得到更多的教育机会和支持，她们才能充分发挥自己的潜力，为乡村全面振兴和国家的可持续发展作出更大的贡献。

二、农村妇女面临贫困阶层固化

贫困阶层固化是指某一阶层长期处于社会经济的底层，难以通过自身的努力改变自己的经济地位，从而形成一个持久的、代代相传的贫困处境。农村妇女尤其是一些较为贫困、偏远地区的妇女，面临着这一严峻的问题。以下是对农村妇女面临的贫困阶层固化的五个关键因素的探讨。

（一）有限经济机会限制农村妇女的生活和发展

有限的经济机会对农村妇女的生活和发展带来了巨大的压力。在农村地区，特别是一些较为偏远和贫困的地方，经济的多样性和复杂性往往不如城市。许多农村家庭主要依赖传统农业为生，这种经济模式由于技术、土地和市场等多种因素的限制，经济收益相对有限，增长空间相对受限。对于农村妇女而言，这种经济环境意味着她们的工作机会大多数局限于传统的农业和家务领域。

更为关键的是，即使农村地区有其他非农业的经济发展机会，农村妇女也可能由于受教育水平低、缺乏必要的技能和经验而难以获得这些机会。此外，一些非农业的工作机会可能需要远离家乡、长时间工作，而传统的家庭和性别角色观念可能会阻止妇女追求这些机会。由于长期的经济困境，农村家庭往往缺乏必要的储蓄，所以很难投资有前景的商业或项目。这进一步限制了农村妇女参与更广泛、收益更高的经济活动的机会。

有限的经济机会不仅是一个客观的经济环境问题，而且与农村妇女的社会地位、教育、技能、家庭和社会的期望等多方面的因素紧密相连。这种局限性加剧了农村妇女的经济依赖性，使她们更加难以摆脱传统的角色和经济困境。

（二）传统性别角色与职责制约农村妇女的发展

传统性别角色与职责在中国农村地区有着深厚的文化根基。这些角色与职责往往对农村妇女产生深远的影响，制约她们的发展。

传统的性别观念认为，女性的主要角色是母亲、妻子和家庭的照料者。这种观念强调女性的承担家务劳动和照顾家庭的职责，对她们参与社会和经济活动的期望则相对较低。在这样的环境下，农村妇女常常被期望或被迫承担大量的家务劳动（如做饭、洗衣、照顾孩子和老人等），这在很大程度上限制了她们寻求外部工作或其他经济机会的时间和能量。

传统的性别角色也意味着农村妇女在家庭决策中的地位较低。在一些家庭中，重要的决策（如分配家庭资源、孩子的教育和家庭的经济活动）往往由家庭中的男性成员来决定。这使得农村妇女在这些决策中缺乏话语权，从而影响到她们的权益和福利。

由于这些根深蒂固的性别角色和职责认知，农村妇女在社区和村庄中的社会地位会受到影响。她们可能会被视为主要依赖家庭的成员，而不是作为能够对社区和经济作出贡献的独立个体。

传统性别角色与职责不仅限制了农村妇女的经济机会和社会地位，而且在心理及文化层面强化了她们的附属和依赖地位。这使得农村妇女在追求更好的生活和发展机会时，面临更大的障碍与压力。

（三）缺乏资本与资源是农村妇女发展受限的重要因素

缺乏资本与资源使农村妇女发展受限，其影响既体现在经济层面，又反映在社会和文化层面。

从经济的角度看，资本和资源是进行生产和经济活动的基础。对于农村妇女而言，由于历史和社会结构的原因，她们往往缺乏必要的经济资本。这意味着她们缺少资本投资农业或其他经济项目，也难以获得更好的生产工具或技术。这种缺乏资本的情况导致农村妇女在经济竞争中处于不利地位，限制了她们的经济收入和发展潜力。

资源的缺乏同样对农村妇女产生深远的影响。例如，一些农村地区仍然缺乏基础的生活和生产资源，如清洁的饮用水、稳定的电力供应和现代的交通设施。这些资源的缺乏不仅增加了农村妇女的日常生活负担，而且限制了她们去参与更广泛的经济活动。

社会和文化资源也对农村妇女的发展至关重要。例如，接受教育和培训、参与社会组织和社会网络、获得市场信息等都是农村妇女实现经济独立和自我发展的关键资源。然而，由于种种原因，这些资源在农村地区往往总量不足或分配不均。

为了真正推动农村妇女的独立和发展，需要从多方面努力，包括提供贷款和资金支持、改善基础设施、提供教育和培训机会、建立社会网络和信息渠道等，从而为农村妇女创造一个更加公平及有利的发展环境。

（四）社会网络的缺失影响农村妇女的发展

社会网络的缺失对农村妇女的发展产生了直接和间接的影响。社会网络，包括家族、邻里、社团和其他形式的社交结构，为个体提供了信息、资源、机会与支持。在农村环境中，这种社会网络对于村民应对生活的挑战、分享经验和知识，以及获得经济及社交机会尤为重要。

社会网络为农村妇女提供了关键的信息资源。无论是农业技术、市场趋势，还是家庭健康，社会网络都是农村妇女获取信息和知识的主要渠道。缺少这些社会网络意味着她们可能会错过许多重要的机会或面临不必要的风险。

社会网络是经济合作和共享的平台。通过社会网络，农村妇女可以与他人共享资源、开展合作或获得贷款和资金支持。没有这些社会网络，农村妇女可能在经济活动中处于孤立和弱势的地位。

社会网络为农村妇女提供了心理和情感的支持。面对生活的困难和挑战，一个稳定、关怀的社交环境可以帮助农村妇女保持积极的心态，提升她们应对压力的能力。

由于各种原因，包括传统的性别观念、文化和社会结构限制，农村妇女往往在社会网络建设和利用方面受到限制。可以说，社会网络的缺失是农村妇女发展受限的重要因素，需要通过多方面的努力来解决，从而为农村妇女创造一个更加公平、有利的社会环境。

（五）健康问题与医疗资源不足对农村妇女发展产生冲击

健康问题与医疗资源不足对农村妇女的生活和发展产生了巨大的冲击。在一些农村地区，尤其是在远离城市中心的地方，健康和医疗服务通常是昂贵且难以获得的，这给农村妇女带来了特殊的挑战。

农村妇女常常承担家庭和农田的繁重劳动，因此容易受到各种健康问题的困扰，如生殖健康问题、慢性疾病和长时间重体力劳动导致的伤病。然而，由于缺乏足够的健康知识和医疗资源，她们往往无法得到及时和有效的医疗照顾。

医疗资源不足表现在多个层面。首先，农村地区通常缺乏足够数量和质量的医疗设施及医务人员。即使有一些基层医疗机构，也可能缺乏必要的设备和药物。其次，农村妇女的收入通常较低，这使得她们难以承担较高的医疗费用。此外，对于特定的女性健康问题（如妇科疾病或孕产期照顾），农村地区可能缺乏专业的医疗服务。

除了物质资源不足，农村妇女在健康知识和医疗权益方面也可能受到限制。由于教育水平和信息获取渠道的限制，农村妇女可能缺乏关于自己身体和健康的基本知识。这使她们在面对健康问题时，更容易变得无助和迷茫。

综合来看，健康问题与医疗资源不足严重影响了农村妇女的生活质量和发展机会。为了改善这一状况，需要从加强农村医疗设施建设、提供健康教育和培训、减轻医疗费用负担等多个方面进行努力。

在乡村全面振兴背景下，农村妇女的发展显得尤为重要。然而，从教育弱势化到贫困阶层固化，农村妇女面临的问题是多层次、多维度的。教育资源的不平衡分配、经济与家庭的压力、对未来的低期望，以及健康与医疗资源的不足，都构成了她们发展的重重阻碍。

第五节 农业女性化和生态影响弱化

在全球化和现代化的推进下，中国农村发生了深刻的变革。其中，与农村妇女息息相关的两大变化——农业女性化和生态影响弱化显得格外突出。农业女性化反映了男性劳动力外流导致的农村劳动结构变迁，而生态影响弱化揭示了农村妇女在生态保护与可持续发展中的边缘化状态。这两大问题不仅关系到农村妇女的权益、身份与生存状态，而且涉及乡村生态环境的健康与可持续性。通过对这两大问题的探讨，可以更深入地理解农村妇女在乡村全面振兴中的地位和作用，同时思考如何构建一个公平、和谐、生态友好的乡村社会。

一、农村妇女面临农业女性化

农村妇女面临农业女性化是近年来乡村劳动力结构变迁的明显特征。随着中国经济的快速增长和城市化进程的加速，大量农村男性劳动力涌向城市，以寻求更好的就业机会和生活条件。这导致农村的劳动力结构发生了明显的变化，农业劳动力中的女性比例逐渐增加，产生了所谓农业女性化现象。

（一）农业女性化使农村妇女发展面临挑战

农业女性化是中国农村深刻变迁的一部分，它既为农村妇女带来了机会，也带来了挑战。如何充分发挥农村妇女的作用，提高她们的经济和社会地位，是乡村振兴和农业可持续发展的重要课题。

1. 农业女性化导致农村妇女的劳动强度增加

农业女性化意味着农村妇女在农业生产中的角色更为重要。她们不仅要承担家庭的照顾任务，还要负责大部分的农田劳作（如种植、收割、加工等）。

这使得农村妇女的劳动强度增加，她们的身体和精力也常常被过度消耗。由于缺乏足够的技术和资源，农村妇女往往难以提高农业生产的效率和产值。这不仅限制了农村妇女的经济收入，而且影响了农村家庭的生活水平和质量。

2. 农业女性化导致农村妇女在传统和现代农业技术的夹缝中挣扎

一方面，由于受限于资源和知识，许多农村妇女仍然采用传统的耕种方法，这可能不利于提高生产效率和适应气候变化带来的挑战；另一方面，即使一些现代农业技术和实践逐渐渗透到农村，农村妇女往往也因为缺乏相关培训和教育资源而难以掌握。这意味着，农村妇女需要更多的技能和知识来应对这些新的机会与挑战，包括如何高效种植、如何进行品牌营销、如何管理自己的生意等。因此，提供终身学习和培训机会成为农村妇女一个迫切的需求。

3. 农业女性化影响着农村社区的社会和文化结构

更为重要的是，农业女性化并不仅仅是一个生产层面的问题，它还深刻影响着农村社区的社会和文化结构。随着更多的男性外出务工，很多农村妇女开始承担起更多的社区领导和组织职责。这虽然为农村妇女提供了一个改变传统的性别角色和规范的机会，但是同时带来了更多的责任和压力。

4. 农业女性化可能加剧农村地区的性别不平等

尽管农村妇女在农业生产中的贡献日益增加，但她们在资源分配、决策和权益保障中仍然受到忽视。这种不平等不仅影响农村妇女自身的福祉，还可能妨碍农村社区的整体发展和繁荣。对于政策制定者和相关组织来说，对农业女性化的认识和回应必须是前瞻性和战略性的。随着中国农村的进一步转型，农村妇女所面临的挑战也将变得更为复杂。例如，随着数字化和科技在农业中的应用，农村妇女可能会面临新的技能与知识鸿沟。对此，为农村妇女提供适当的技能培训和教育资源至关重要。

5. 农业女性化与乡村的人口老龄化和家庭结构变革紧密相关

随着农村年轻人口的大量流出，许多农村妇女不仅要承担农业工作，还要照顾老人和儿童。这进一步加重了她们的负担，使她们在生产和生活中都面临巨大压力。农村妇女在农业生产中占据了日益重要的地位，意味着她们在农村社区的生态、文化和社会维度的贡献也变得更为关键。她们不仅是生产者，而且是社区的守护者、文化的传承者和生态的维护者。因此，任何关于乡村可持续发展的策略或项目，都必须充分考虑农村妇女的需求和角色。

6. 农村妇女在农业中的主导角色并没有带来社区决策中相应地位的提升

在一些农村社区，尽管妇女是农业生产的主力军，但在关于土地使用、资源分配或技术引进等关键决策上，她们的声音仍然被边缘化。虽然农村妇女在农业生产中的角色较为突出，但在农产品市场上，她们仍然会面对与大型企业和经销商的不平等竞争。由于她们往往缺乏与市场接轨的知识和技能，可能会被迫以较低的价格出售农产品，从而降低其收入。

7. 与农村妇女日常生活相关的基础设施和公共服务仍然严重不足

例如，干净的饮用水、基础卫生设施和儿童教育等对妇女而言至关重要的资源，在一些农村地区都难以得到保障。

综上所述，农业女性化不仅是一个涉及经济和生产的问题，也是一个涉及权利、机会和参与的社会问题。面对农业女性化的现实，需要全社会的共同努力和关注，采取综合策略，确保农村妇女能够充分享受到经济增长的红利，得到公平的待遇，并能够在变革中找到自己的位置，实现自我价值，为乡村的未来作出更大的贡献。对于农村妇女来说，农业女性化不只是一种工作方式的转变，更是与她们日常生活、身份认同及在社区中的角色紧密相关的现象。更好地支持和赋权给农村妇女，理解她们面临的多重挑战是关键。为了克服这些挑战，除了政策层面的支持，还需要社区、企业和非政府组织的积极参与。只有通过跨部门、多方位的合作，才能真正实现农村妇女的赋权和乡村的可持续发展。此外，随着技术和创新在农业中的应用不断深化，为农村妇女提供相关培训及教育将是一个长期和系统的项目，旨在确保她们不仅可以适应变革，而且能从中受益。

（二）农业女性化为农村妇女提供新的机会

1. 提高农村妇女的经济地位

随着市场经济的发展，农村妇女逐渐意识到自身在农产品加工、直销和农业旅游等领域的潜在价值。例如，有些农村妇女利用自家种植的农产品开发出特色食品，通过网络平台进行销售，从而实现增收。这种转型不仅有助于提高农村妇女的经济地位，而且有助于传承和保护农村传统文化。通过将传统技艺与当地特色结合，农村妇女可以为外界呈现一个真实、有魅力的农村生活图景，从而吸引城市居民来体验乡村旅游，进一步拓宽收入来源。

2. 农村妇女承担的角色多样化

农村妇女不仅是农场的劳动者，还是家庭的照顾者、孩子的教育者和社区的组织者。这种多重角色意味着她们在日常生活中需要投入更多的时间和精力，往往导致她们在个人成长、休闲和社交方面的机会受到限制。

3. 农村家庭中的决策权逐渐转向妇女

这一变革对农村家庭结构产生了深远的影响。由于大量男性外出务工，很多农村家庭中的决策权逐渐转向妇女，这在传统的家庭结构中是不常见的。这种权力的转移为农村妇女带来了一定程度的经济和社会地位的提升，同时带来了更多的责任和压力。

尽管农业女性化为农村妇女提供了新的机会，但她们在乡村的权利和地位仍然面临许多限制。例如，在土地所有权、参与乡村治理等方面，农村妇女仍然面临很大的挑战。在这一转型过程中，政府、农村社区和各种社会组织都应发挥积极作用。例如，政府可以提供低利率贷款或税收优惠，鼓励农村妇女创业；社会组织可以组织各种培训课程，提高农村妇女的技能；农村社区可以为农村妇女提供一个安全、支持的环境，帮助她们共同成长和发展。

在这个背景下，推动真正的性别平等和农村妇女的全面赋权需要更加深入和系统的努力。这包括提高社会对农村妇女的认知，加强法律和政策支持，以及提供更多的经济、教育和社会资源。总体而言，面对农业女性化这一挑战，需要一个全面、系统的策略，确保每名农村妇女都可以找到自己的位置，实现自我价值，为乡村的繁荣作出更大的贡献。

二、农村妇女面临生态影响弱化

生态影响弱化是指在生态保护和可持续发展方面的努力未能充分考虑到某一群体或社区的需求和利益，导致该群体在生态决策中的声音被边缘化，或者其所面临的生态挑战没有得到足够的关注和应对。在一些农村地区，尤其在一些与农村妇女相关的议题上，这种生态影响弱化较为明显。

（一）生态决策中的边缘化

生态决策中的边缘化是指在环境和生态相关的政策制定及实践中，某些群体的声音和利益被忽视或轻视。尽管农村妇女在日常生活中与自然资源有着密切的关系（经常是家庭中的水、木材、食物及其他基本生活资源的主要管理者），但她们在关于生态保护、资源管理和环境政策的决策中往往被排除在外。这主要是因为传统的性别角色认同和社会结构导致她们在公共领域的声音被压制，同时，当前的决策机制和文化背景没有为她们提供足够的平台和机会发声，从而在一定程度上制约了生态决策的公正性、有效性。这种决策中的边缘化给农村妇女带来了一系列直接和间接的后果。

1. 生态项目和政策可能缺乏针对性

若农村妇女的经验和知识未被充分利用，可能导致一些生态项目和政策缺乏针对性，造成资源浪费和效果不佳。例如，某些水资源管理项目可能未考虑到农村妇女在水使用上的实际需求和习惯，从而造成浪费。

2. 生态决策中的缺席导致权益受损

农村妇女在生态决策中的缺席意味着她们的利益可能被牺牲。在土地征收、生态保护区划定或其他大型生态项目中，她们的居住、生计和文化需求可能未得到充分考虑，从而导致其权益受损。

3. 生态决策和心理状态之间形成恶性循环

当农村妇女被排除在生态决策之外时，她们的社会地位和自信心可能进一步受到打击。她们可能认为自己在社区中的价值较低，或者认为自己无力改变现状。这种心理状态可能进一步强化她们的沉默和被动，形成一个恶性循环。

因此，真正实现公正、有效和可持续的生态决策，必须确保所有相关方特别是经常被忽视的群体（如农村妇女），都能参与到决策过程中，分享其知识、经验和观点，以形成更完善、全面的决策方案。

（二）直接生态压力的影响

直接生态压力是指环境变化或退化给某一群体带来的直接影响。对于农村妇女，这些压力常常体现为日常生活的困难增加、生计方式的变迁，以及健康与福祉的受损。考虑到农村妇女在家庭和社区中的核心角色，这些生态压力不仅影响她们个人，而且可能对整个家庭和社区产生深远的影响。

1. 生态退化可能影响农村妇女生活资源的获取

农村妇女往往是家庭中水、木材、食物及其他基本生活资源的采集和管理者。随着水源减少、土壤退化、森林砍伐和生物多样性锐减，她们可能需要花费更多的时间和努力来获取这些资源。这不仅增加了她们的日常负担，而且可能导致身体疲惫和健康问题。

2. 生态退化可能直接威胁农村妇女的生计方式

许多农村妇女依赖天然资源（如野生食材、草药等），并将其作为经济来源之一。当这些资源因为过度开发或环境变化而变得稀缺时，她们的经济独立性和家庭财务状况可能都会受到打击。

3. 生态退化可能带来健康方面的挑战

污染的水源、退化的土壤和减少的食物来源都可能影响农村妇女及其家庭的健康。再加上医疗资源的匮乏，可能导致出现长期的健康问题和疾病。

由于农村妇女与自然资源的紧密关系，当生态环境受到威胁时，她们往往是最先受到影响的群体。因此，考虑到生态退化对农村妇女的直接压力是至关重要的，这不仅关乎她们的福祉，而且涉及整个社区的可持续发展。

（三）对生态服务的依赖

对农村妇女而言，对生态服务的依赖尤为关键。生态服务是自然系统为人类提供的各种好处，包括食物、清洁水、木材、草药及对天然灾害的缓冲等。农村妇女在家庭和社区中经常是资源的主要管理者和采集者，因此，她们与这些生态服务有着直接的联系。农田、湿地、森林及其他生态系统为农村妇女提供了食物、草药、燃料和其他生活必需品。这些资源不仅满足了家庭的基本需求，还为许多农村妇女提供了经济收入，帮助她们支撑家庭经济和支付孩子的教育费用。生态服务还为农村妇女提供了对天然灾害的防护。例如，森林和湿地可以吸收大量的水分，减少洪水的风险；沿海的红树林可以减轻风暴潮和海浪的冲击；等等。

当这些生态系统受到威胁或退化时，农村妇女的生活和经济安全也会受到直接影响。例如，过度放牧、非法伐木或湿地的填埋和转化，都可能导致资源的减少及生态服务的降低。这意味着她们需要花费更多的时间和努力寻找资源，还可能导致收入的减少与生计的不稳定。当这些生态系统受到损害时，农村妇女及其家庭可能更容易受到灾害的威胁，其生活和财产安全也会受到影响。

农村妇女对生态服务的依赖是显而易见的。为了保护这些生态服务并确保农村妇女的福祉，需要加强生态系统的保护和恢复，同时重视和尊重农村妇女在生态保护及资源管理中的角色和贡献。

（四）缺乏适应能力

缺乏适应能力是指农村妇女在面对环境变化和生态压力时，可能难以及时调整和应对。教育、经济、社会和文化等因素往往制约农村妇女的适应能力。

1. 教育资源的有限

教育资源的有限使得农村妇女可能缺乏必要的知识和技能来应对生态变化。例如，当气候变暖导致某些传统作物不再适合种植时，她们可能不知道如何选择和种植其他更适宜的作物。

2. 经济上的困境

经济上的困境限制了农村妇女采取适应措施的能力。例如，尽管她们知道某种作物可能更能抵御干旱，但由于种子价格昂贵或技术要求较高而无法种植。

3. 社会文化因素的影响

社会文化因素可能影响农村妇女的适应能力。例如，传统的性别角色定位和期望可能限制她们尝试新方法或采取非传统措施，而是坚守传统的农耕方式，即使这些方式在新的环境条件下不再有效。农村妇女的传统知识和经验在某些情况下是宝贵的，但随着生态环境的急速变化，这些传统知识可能不再适用。例如，她们对于某些作物的种植周期、收获时机，以及与自然环境的互动模式可能已经根深蒂固，但在新的气候条件下，这些经验可能需要调整。由于缺乏新的知识和技能，农村妇女可能会面临更大的困境。

4. 平台的缺乏

农村妇女常常缺乏参与决策和表达关切的平台。即使她们意识到环境变化对生计的威胁，也可能没有途径提出或采纳相应的适应策略。信息的获取和分享是一个重要的障碍。一些农村地区的妇女往往没有充分的平台和途径接收与生态变化及适应策略相关的最新信息。

5. 社区内部的动态调整

当面对生态压力时，家庭和社区可能会重新分配资源和职责。而在这样的调整中，农村妇女可能会被赋予更多的劳动和责任，却很少获得相应的权力和资源，这使她们在应对生态变化时处于更为不利的地位。

在乡村全面振兴背景下，农村妇女在生态层面面临的挑战显得尤为复杂。从农业女性化的趋势，到生态影响的边缘化，再到对生态服务的深度依赖及适应能力的缺失，都反映出一个共同的事实：农村妇女不仅是生态变迁的受害者，而且是生态恢复和可持续发展的关键参与者。要想让农村妇女在乡村振兴和生态保护中发挥更大的作用，必须理解并解决她们面临的实际困境。这意味着必须采取提供教育和培训、确保资源和信息的公平分配、赋予她们在决策中的更大权力等切实有效的措施，并在社会文化层面推动人们对性别平等的认知。

农村妇女在生态变化面前的适应能力受到多方面的挑战，这要求我们不仅要提供物质和技术层面的支持，而且要重视她们在社区中的地位和权益，以确保她们能够更好地应对和适应生态挑战。

综上，农村妇女在乡村全面振兴中的角色不容忽视。为她们创造一个公平、包容和支持的环境，不仅有助于提高她们的生活质量，而且能为乡村的可持续发展和生态恢复注入强大的动力。

第三章 农村妇女发展存在的问题成因分析

农村妇女作为中国社会中的重要群体，她们的发展状况不仅关乎农村的未来，而且关系整个国家的可持续发展。然而，在各种宏观和微观因素的交织影响下，农村妇女面临着一系列的困难和问题。为了更好地解决这些困难和问题，有必要深入探讨其成因，从根本上找到其症结所在。

本章将从五个方面系统地分析我国农村妇女发展面临的困难和问题的成因：第一，从经济和社会转型的角度出发，探讨这一宏观背景如何影响农村妇女发展；第二，探讨地理环境的特殊性给农村妇女的生活和工作带来了哪些挑战；第三，分析政策制度设计中的性别盲视问题；第四，观照历史文化的深层影响为我们提供了对当前问题的历史解读；第五，深入探讨社会参与力量的不足，特别是农村妇女在决策和公共事务中的参与度如何影响她们的发展。

第一节 经济和社会转型使农村妇女面临发展问题

过去几十年，中国经历了翻天覆地的经济和社会转型。从计划经济体制到市场经济体制的转变，从封闭的经济结构到全球化的经济格局，这些巨大的变革都在深刻地重塑着国家的发展轮廓。

一、产业结构调整使农村妇女面临压力和机遇

（一）农村妇女在农村承担更多的家庭和农田劳务

随着农业现代化和城市化进程的推进，很多年轻的劳动力选择离开农村，

前往城市寻找更好的工作和生活机会。这导致农村的年轻人口大量减少，留下了大量的"空巢"老人和妇女。这种人口结构的变化加重了农村妇女的生活负担，她们不仅要负责农田的劳作，还要照顾老人和孩子。这种双重负担不仅增加了她们的劳动强度，也限制了她们参与社会活动和进一步发展的机会。

随着农村的产业结构调整，许多传统的农业劳动岗位逐渐减少。尽管农业女性化趋势明显，但很多妇女在劳动强度增大的同时，收入并没有相应提高。

（二）农村妇女成为城市低技能、低收入的劳动力

社会转型中的快速城市化进程导致大量的农村人口流向城市，但农村妇女往往因为教育、技能和资源的限制，难以融入城市的经济和社会生活。她们在城市中很可能成为低技能、低收入的劳动力，面临着较大的就业和生活压力。再者，随着市场经济的深入发展，农村妇女在参与经济活动时面临更多的竞争。传统的性别角色定位和文化观念的束缚，让农村妇女在市场中很难与男性劳动力平等竞争，导致她们的经济地位进一步边缘化。

经济和社会转型期间，新的产业和商业模式的涌现也对农村妇女提出了更高的要求。例如，电子商务和线上销售成为新的增长点，但是在技术的掌握、市场营销等方面，都需要妇女具备一定的知识与技能。但很多农村妇女由于教育背景和环境的限制，难以快速适应这些新的经济模式。因此，农村妇女往往只能从事低技能、低价值的工作，难以获得公平的收益。

二、农村妇女的地位和角色经历显著变化

在经济和社会转型的背景下，农村妇女的地位和角色经历了显著变化。随着科学技术的进步，许多传统的农业生产方式逐渐被现代化机械取代，这在一定程度上降低了农村妇女在农业生产中的参与度。与此同时，她们在农业领域（如家庭养殖、手工业和农产品加工等方面）的多功能角色逐渐得以凸显。

对于农村妇女来说，我国的经济和社会转型是宏观层面的变化，深刻地影响了她们的日常生活和个人选择。例如，随着新的商业模式和数字化的快速发展，农村地区逐渐接入了互联网。这为农村妇女带来了新的经济机会，如通过电商平台销售农产品和手工艺品。然而，技术的普及和使用能力的不均等意味着一些农村妇女可能无法充分利用这些新机会。

三、传统角色和期望逐渐受到挑战

社会转型带来文化和价值观的巨大变革。在传统的农村文化中，妇女往往被期望扮演照顾家庭和孩子的角色。然而，随着现代化的推进，这些传统角色和期望逐渐受到挑战。许多农村妇女开始寻求更多的外部机会（如继续教育和就业），但她们往往会遭遇文化和社会方面的阻碍。更为重要的是，经济和社会转型期间，一些新兴的社会问题（如土地流转、农村劳动力减少、与城市化相关的社区断裂等）也对农村妇女产生了深远的影响。她们在这些新兴问题面前，往往缺乏足够的资源和能力来应对。经济转型也引发了一系列的社会问题（如地产开发导致的土地纠纷、劳动力市场的不稳定等），这些问题往往给农村妇女带来更大的压力。在传统的农村文化中，妇女通常不参与重要的经济和社会决策，这使她们在面对这些新的挑战时处于劣势。

值得注意的是，尽管经济和社会转型给农村妇女带来一些困难，但是也为她们创造了新的发展机遇。例如，随着教育资源的逐渐普及，越来越多的农村妇女有了受教育的机会。这不仅提高了她们的文化素养和技能水平，而且为她们开辟了更广阔的职业前景。

四、以农业为主的生活方式开始发生变化

转型期的复杂性还体现在许多微观层面的冲突和矛盾上。例如，随着经济的快速增长，一些农村地区也出现了工业化和城市化的趋势，这使得原本以农业为主的生活方式开始发生变化。新的产业、商业和服务业逐渐进入农村，为当地人口提供了更为多样化的工作机会。对于农村妇女而言，这意味着她们可以从事更加多元化的工作，不再仅仅局限于传统的农业生产。

但这样的转变给农村妇女带来了挑战。随着非农产业的扩张，农村妇女可能面临更大的竞争压力，特别是在那些需要特定技能或教育背景的领域。

五、社会服务和福利制度的调整影响农村妇女

经济和社会转型期间，农村与城市之间的差距仍然存在，甚至在某些方面差距进一步加大。城市化进程使得大量资源和资本流向城市，农村地区相对较少受益。这种城乡差距不仅体现在经济上，也体现在教育、医疗和其他公共服

务上。农村妇女由于居住在这些资源相对匮乏的地区，因此其发展机会在很大程度上受到限制。

社会转型期间，社会服务和福利制度的调整也会影响农村妇女。例如，部分农村地区的医疗、教育资源相对缺乏，而这些资源对于农村妇女的生活质量和发展至关重要。这要求我们在农村妇女发展的议题上给予更多的关注和支持，确保她们在转型中不被边缘化。当然，这种转型也带来了一些正面的影响。例如，随着移动通信和互联网的普及，农村地区的信息流通得到了显著改善。农村妇女可以通过这些工具获取更多的知识和信息，从而提高自己的能力和市场竞争力。

六、挑战和压力、机遇与发展空间并存

（一）挑战和压力

农村妇女在社会结构转型中遭遇了一些特定的困难。随着农村劳动力的流失，许多妇女承担了更多的农业生产和家庭责任。尽管女性在农业中的角色日益重要，但她们在农业生产决策中的声音仍然被忽略。这不仅影响了她们的经济地位，而且影响了农村社区的整体生产效率。此外，经济转型中产生的新的社会阶层和价值观念也给农村妇女带来了新的社会压力。传统与现代、农村与城市之间的文化冲突，使得农村妇女在寻求自我认同和发展的道路上面临更多的困惑和挑战。这种转型期的心理和文化压力，往往比物质和经济压力更难以应对。

对于农村妇女来说，经济和社会转型带来的压力不仅仅来自外部，还有很大一部分来自内部。家庭文化和传统观念往往限制了妇女的自主决策和参与空间，使她们在追求个人和家庭的更好发展时受到制约。但随着信息时代的到来，更多的农村妇女开始通过各种渠道获得外部信息，挑战和改变传统的束缚，寻求自己的发展机会。

在转型过程中，农村妇女面临着与城市妇女差距拉大的问题。城市妇女在教育、就业、社会资源等方面有更多的优势，农村妇女往往在这些方面处于劣势。这种差距不仅体现在物质方面，而且体现在心态、观念和能力方面。因此，如何帮助农村妇女缩小与城市妇女的差距，成为转型期的一大挑战。

（二）机遇与发展空间

随着社会的发展，对女性的期望和要求也在不断提高。农村妇女不仅要在家庭和农业中发挥作用，而且需要在教育、社区建设、文化传承等方面承担更多的责任。这无疑增加了她们的压力，但也为她们提供了展现自己的平台。

在农村妇女发展过程中，出现了一些典型的案例，反映出转型带来的影响。有些农村妇女成功地抓住了经济转型中的机遇，创办了小微企业，或者利用电商渠道和现代化工具（如社交媒体），扩大销售渠道，从而实现经济独立与家庭生活质量的提升。

经济和社会转型给农村妇女带来更多的机遇和更为广阔的发展空间。随着新技术的引入和市场经济的发展，农村妇女的生活正发生积极的变化。更多的农村妇女正参与到社会的各个领域，除了农业，还有教育、医疗、服务业等。在农业现代化进程中，生态农业和有机农业的发展为农村妇女提供了新的发展路径。同时，国家和地方政府在全面推进乡村振兴过程中，也逐步加大了对农村妇女的支持力度，帮助她们提高自身能力，拓展就业和创业渠道。

总体来说，我国经济和社会的转型，对农村妇女而言，既是挑战也是机遇。面对转型中的种种问题，国家、社会和农村妇女自身需要共同努力，寻找合适的路径及策略，确保农村妇女在转型中获得更多的发展机会，实现自身的价值与梦想。

综上所述，我国的经济和社会转型是一个复杂的过程，它为农村妇女带来了深刻的影响。这些影响既有正面的，也有负面的。同时，我国的经济和社会转型为农村妇女带来了机遇和挑战。如何引导和支持农村妇女适应和应对这些变化，将直接影响农村妇女发展和农村社区的整体进步。为了确保农村妇女在这一转型中得到公平、平等的机会，需要深入研究这些影响，并采取相应的政策和措施来应对。

第二节　地理环境的约束使农村妇女面临发展问题

地理环境对农村的发展和居民的生活方式有着深远的影响。中国是一个地理环境复杂、气候多样的国家，地理位置可能会成为制约农村妇女发展的一大因素。对农村妇女而言，地理环境不仅关乎生产和生活，而且与其社会地位、教育机会、健康状况紧密相连。

一、不同的地理环境造成了不同的农业生产模式

在水资源丰富的平原地区，水稻可能是主要农作物；而在干旱的山区或高原，玉米和小麦可能是主要农作物。这种差异直接决定了农村妇女的劳动方式和强度。例如，在水稻种植地区，农村妇女可能需要花费更多的时间在田间进行繁重的水稻栽培工作；而在玉米和小麦种植地区，她们的劳动强度可能会相对较低。

地理环境影响着基础设施的建设和维护。在地势险峻、交通不便的地区，学校、医院和其他公共服务设施常常难以覆盖，农村妇女因此可能面临更为严峻的教育和医疗健康问题。

地理环境制约了经济的发展模式和就业机会。在靠近城市或沿海地区，由于地理位置的优势，可能会有更多的非农就业机会。而在偏远地区，这样的机会可能有限，农村妇女在这样的地区较难找到除农业之外的工作，从而限制了她们的经济自主性和发展潜力。

某些特定的地理环境（如洪涝频发或干旱严重的地区）会给农村妇女带来额外的生存压力。在这些地区，妇女既要负责家庭和农业生产，又要面临环境带来的种种挑战（如缺水、土地退化等）。

总的来说，地理环境在很大程度上决定了农村妇女的生活和发展状况。要真正解决农村妇女面临的发展问题，就必须从地理、环境、经济和社会等多方面出发，综合考虑，制定出有针对性的政策和措施。

二、地理环境对农村妇女产生直接和间接的影响

在地理环境困难的地方，由于生活条件艰苦和资源稀缺，传统的性别角色可能会得到加强。例如，男性可能会更多地参与外出劳动或远程务工，女性则更多地留在家中照顾家庭和农田。这种分工可能会加深对农村妇女的性别刻板印象，认为她们更适合做家务和农活，而不是参与社区决策或追求更高的教育及职业。

地理环境可能对农村妇女的心理健康产生影响。长期生活在资源有限、生活条件艰苦的地区，农村妇女可能更容易出现情绪低落、焦虑和其他心理健康问题。这不仅会对她们的幸福感产生影响，还会进一步限制她们的社会活动和职业发展。

地理环境可能影响农村妇女的身体健康状况。例如，一些山区和干旱地区可能缺乏足够的饮用水源，导致妇女及其家庭成员面临饮水困难，增加了出现各种健康问题的风险。

地理环境可能影响农村妇女的社交网络。在一些偏远地区，农村妇女与外界的联系可能较为有限，社交活动可能仅限于乡村内部。这种情况可能导致农村妇女缺乏获取新信息、新知识的渠道，从而降低她们的社会和经济地位。

地理环境与农村妇女的权利和权益息息相关。在某些农村地区，由于地理条件的限制（如土地稀缺或无法耕种），农村妇女可能无法获得土地使用权，从而使她们在经济和社会上受到更大的歧视及压迫。

地理环境与妇女的安全问题紧密相关。在一些易受自然灾害（如洪涝、地震和干旱等）影响的地区，农村妇女由于其特有的社会角色，可能更容易受到灾害的影响。例如，当家庭疏散和转移时，农村妇女可能需要负责照顾老人和孩子，使她们在紧急情况下的行动能力受到限制。

地理环境作为影响农村妇女发展的一个关键因素，其影响是多方面的。这要求政策制定者和社会各界对地理环境的约束进行深入的研究和反思，以确保农村妇女在面对这些挑战时得到充分的关注与支持。

对农村妇女而言，地理环境带来的约束除物理上的限制，更多地与其他社会、文化和经济因素交织在一起，形成一个复杂的制约网络。例如，由于交通不便和基础设施不足，一些偏远地区的农村妇女可能难以接触到先进的农业技术和方法。这直接影响她们的农业生产效率和收入，而低收入可能导致她们难以为子女提供良好的教育环境，进一步加剧教育资源的不平等分配。

对于这些地理环境带来的制约，单纯的物质援助和技术支持可能难以彻底解决问题。更为关键的是，如何在政策层面对待和解决这些问题，确保农村妇女能够在不利的地理环境中获得公平的发展机会，是一个亟待解决的问题。

三、采取应对地理环境约束的针对性措施

为了应对地理环境带来的约束，政府和社会应采取一系列针对性措施，以支持和提高农村妇女的发展及生活质量。

（一）加强基础设施建设

加大对偏远地区基础设施建设的投入，包括道路、桥梁、饮水设施、医疗

机构和学校等。这将有助于改善农村妇女的生活条件，提高她们的生产和生活效率。

（二）提供农业技术培训和资源支持

帮助农村妇女获得先进的农业知识和技能，提高农业生产效率，增加她们的收入。

（三）提供平等的教育机会

确保农村地区的妇女和女童能够获得平等的教育机会。这需要改善学校设施，提供奖学金和补助金，鼓励家庭支持女童接受教育。

（四）提供医疗健康服务

提供更便捷和农村妇女负担得起的医疗健康服务，特别是妇女的生殖健康服务。加强健康宣教，增强农村妇女对健康问题的意识。

（五）提供就业和创业机会

提供非农业领域的就业和创业机会，使农村妇女的经济来源能够多元化，减轻她们在农业生产方面的压力。

（六）加强社会参与

加强农村妇女的社会参与，包括参与农村决策、社区建设和文化活动。这有助于改变传统的性别角色观念，增强农村妇女的自主性，提升其社会地位。

（七）加强灾害风险管理

在易受自然灾害影响的地区，建立健全灾害风险管理机制，确保农村妇女在灾害发生时能够及时获得救助和支持。

地理环境对农村妇女的发展有着重要影响，但这些影响并不是不可解决的。政府、社会组织和国际合作共同努力，可以帮助农村妇女应对地理环境带来的挑战，释放她们的潜力，提高她们的生活质量，促进社会的平等和可持续发展。

四、与地理环境相互交织的文化和社会因素

在应对地理环境带来的挑战时，需要考虑文化和社会因素的影响，以更全面地了解问题并采取有效的措施。以下是一些与地理环境相互交织的文化和社会因素。

（一）地方文化与传统性别角色

不同地理区域的文化和传统价值观往往对性别角色和责任分工产生深远影响。某些地方可能更加坚守传统性别角色，认为妇女的主要职责是照顾家庭和孩子，而不是追求职业和社会参与。因此，政府和社会应该努力改变这些传统观念，鼓励农村妇女积极参与到各个领域的工作中。

（二）地理区域的社交网络

农村地区的社交网络通常较为有限，这可能限制农村妇女获取信息和资源的途径。在应对这一挑战时，可以鼓励建立支持农村妇女的社会组织和网络，帮助她们分享经验和资源。

（三）地方性别平等政策

某些地理区域可能存在更为严重的性别歧视问题，包括家庭暴力和妇女权益受损。政府可以根据不同地理环境的特点，制定有针对性的性别平等政策。这些政策应该包括提供教育、培训和就业机会，改善卫生和医疗服务，以及鼓励农村妇女参与社区和农村决策。

（四）地方社区建设

加强农村地区的社区建设，提供妇女友好型的社区环境，鼓励她们参与社会和文化活动，有助于减轻地理环境带来的社会隔离感。

总之，地理环境与文化和社会因素相互交织，共同影响着农村妇女发展。因此，在制定政策和采取措施时，需要综合考虑这些因素，以更全面地理解问题，并促进农村妇女的全面发展和权益保障。只有通过综合性策略，才能有效应对地理环境带来的挑战，为农村妇女创造更好的发展条件。

五、实施综合性政策和行动计划

地理环境、文化和社会因素的相互作用使农村妇女面临复杂且多层次的挑战。解决这些问题，需要跨部门、跨领域的综合性政策和行动计划，以确保农村妇女在地理环境所带来的制约下仍能享有平等的发展机会。

（一）加大对偏远和地理环境恶劣地区的投资

改善基础设施，确保医疗、教育和交通等公共服务能够覆盖到每个村庄。同时，鼓励农村妇女积极参与基础设施建设，提高她们的社会地位和自主性。

（二）加强性别平等教育

改变传统性别角色观念，鼓励妇女参与各个领域的活动。提供性别平等培训和意识提高活动，帮助农村妇女更好地把握发展机会。采取措施打击性别歧视，可制定法律，确保农村妇女的权益受到法律保护。加强对性别歧视的监督和制裁，提高社会对性别平等的意识。

（三）推动农村地区的社会网络建设

鼓励建立妇女组织和合作社，为妇女提供资源、信息和支持。社会网络的扩大有助于妇女获得更多的机会和资源。

（四）加强对农村妇女的培训以提升其技能

帮助农村妇女适应地理环境和社会变革，提高她们的生产力和收入水平。为农村妇女提供就业机会和创业支持，鼓励农村妇女参与非农产业活动。

六、地理环境和气候变化对农村妇女的影响

政策制定者和社会各界应密切关注地理环境和气候变化对农村妇女的影响。全球气候变暖导致气象条件更加不稳定，农村妇女面临更频繁的自然灾害（如洪涝、干旱和飓风）。这将进一步增加她们的生计风险，特别是对那些依赖农业生产的农村妇女而言。因此，应该制定气候变化适应和减灾政策，以减轻地理环境和气候变化对农村妇女的影响。具体措施包括改善农村基础设施的抗灾性，提供更多的农业技术和资源来应对气候变化，以及为妇女提供有关气候

变化适应的培训及教育。

在实施这些政策和措施时，应该重视妇女的参与及反馈，确保她们的需求和意见被充分考虑。此外，政府和社会组织应鼓励农村妇女发挥领导作用，参与决策制定，以推动地方社区更加包容和可持续发展。

地理环境虽然带来了挑战，但是也为农村妇女带来了机会。一些地方可能拥有丰富的自然资源，如山区的特色农产品或生态旅游资源。这些自然资源可以给妇女创业和发展提供平台。因此，政府和社会应积极寻找和利用地理环境的优势，为农村妇女提供多样化的发展路径。

七、解决农村妇女发展问题是全面实施乡村振兴战略的重要一环

在乡村全面振兴视域下，解决农村妇女面临的问题是全面实施乡村振兴战略的重要一环。农村妇女在农村社会发展中占有重要地位，她们的发展不仅关系到个体的权益，也关系到整个农村社会的发展和进步。为推动农村妇女发展，以下四个方面的工作至关重要。

（一）进一步完善政策法规

进一步完善政策法规，确保性别平等原则得到充分贯彻，这包括制定有针对性的政策，鼓励农村妇女的教育、职业发展和社会参与。政府可以提供更多的教育补贴和奖学金，支持农村妇女接受高等教育，同时推动农村妇女参与农村决策，确保她们的声音被听到。

（二）加强对农村地区基础设施和公共服务的投资

加强对农村地区基础设施和公共服务的投资，不仅包括改善交通、医疗和教育设施，而且包括提供更多的托幼和老年照顾服务，以减轻农村妇女的家庭压力。同时，应加强对妇女的职业培训，以促进其技能提升，帮助她们更好地适应不同领域的工作。

（三）鼓励农村妇女积极参与农村经济和农村产业的发展

支持农村妇女创办农村合作社、农产品加工企业，组织实施生态农业项目，为她们提供更多的经济机会。此外，政府可以提供创业贷款和创业培训，

帮助农村妇女开展农村创业活动。

（四）加强性别教育和宣传工作

改变社会对农村妇女的刻板印象，通过媒体、学校和社区活动，增强社会大众对性别平等的认识，提升妇女发展自信心和自主性。同时，倡导男女平等的家庭观念，减少家庭内部的性别歧视和家庭暴力。

在乡村全面振兴进程中，农村妇女发展问题不应被忽视，农村妇女应被视为推动乡村振兴的重要力量。通过政策支持、社会支持和文化改变，可以为农村妇女创造更加平等、充实和有希望的未来，从而为中国乡村社会的可持续发展贡献力量。

第三节　政策制度设计中的性别盲视使农村妇女面临发展问题

农村妇女面临的一个重要问题是政策制度设计中的性别盲视。在过去的发展进程中，一些政策和制度未能充分考虑农村妇女的特殊需求和权益，导致出现性别不平等现象。

一、土地权益不平等问题

土地权益不平等是农村妇女发展面临的重要问题之一。这一问题涉及土地的所有权、使用权和继承权等多个层面，对农村妇女的发展和社会地位产生深远影响。

在一些农村地区，传统性别角色观念和制度限制了农村妇女继承土地的权益。通常情况下，男性被视为土地的主要继承人，而女性在继承土地时面临较多的限制。这意味着农村妇女可能无法继承或拥有与家庭农地相关的权益，从而限制了她们参与农村经济的积极性和独立性。不仅如此，即使农村妇女在土地所有权方面享有权益，她们的土地使用权也可能受到限制。一些地区存在着土地流转和租赁市场，但农村妇女参与土地流转或租赁土地可能面临更多的障碍。

土地权益不明晰也是农村妇女面临的一个问题。土地权益的界定和登记通常由男性家庭成员负责，而女性家庭成员可能缺乏对土地权益的控制权。这使得农村妇女更容易失去土地权益或在土地流转中受到不公平对待。土地权益不平等问题还可能导致家庭内部发生冲突。

最重要的是，失去土地权益会对农村妇女的经济独立性产生严重威胁。土地是农村社区的主要生计资源，拥有土地权益对于农村妇女的经济独立性至关重要。当失去土地权益或无法合法继承、使用土地时，她们的经济地位会受到严重威胁，容易陷入贫困和被社会边缘化。

政府可以采取以下措施来解决农村妇女土地权益不平等问题。

第一，制定明确的土地法律和法规，确保农村妇女在土地继承、使用和流转方面享有平等的权益。

第二，加强土地权益登记和管理，提高土地权益登记和管理的透明度，做好对农村妇女土地权益的保护。

第三，提供法律援助和咨询服务，帮助农村妇女维护自己的土地权益。

第四，开展性别平等教育和宣传活动，改变社会观念，鼓励妇女参与土地相关事务。

二、社会保障不足问题

社会保障不足是农村妇女发展面临的一个重要问题。农村妇女通常面临较低的社会保障覆盖率，包括医疗保险覆盖率低、养老保险缺失和失业保险覆盖率低等。

第一，医疗保险覆盖率低。由于一些农村地区医疗资源有限，所以一些农村妇女无法获得及时的医疗服务。同时，她们也可能难以承担一些高昂的治疗和药物费用。这会影响她们的健康和生活质量。

第二，养老保险缺失。由于大部分农村妇女从事家庭劳动或临时性工作，往往未正式就业，因此无法享受到社会养老保险。这使得她们到老年时，可能缺乏稳定的经济支持。

第三，失业保险覆盖率低。失业保险通常适用于城市居民，而在一些农村地区，特别是对于没有正式就业的农村妇女而言，失业保险覆盖率相对较低。这意味着一旦失去了临时性工作机会，她们可能无法获得失业救济金或其他形式的经济支持。

政府可以采取以下措施来完善农村妇女的社会保障制度。

第一，拓宽医疗保障范围。扩大农村医疗保险的覆盖范围，确保所有农村妇女都能够获得基本的医疗保障。政府可以提供补贴，减轻农村妇女支付医疗费用的负担，并提供定期的健康检查和健康教育。

第二，完善农村养老保险制度。建立更加包容的农村养老保险制度，允许没有正式就业的农村妇女参与其中。政府可以提供补贴，鼓励农村妇女自愿参加养老保险计划，以确保她们在老年时有一定的经济支持。

第三，加大失业保险覆盖率。扩大失业保险的适用范围，特别是农村地区，以包括更多的农村妇女。政府可以提供培训和就业支持，帮助农村妇女获得稳定的就业机会，减少失业的风险。

三、农村金融服务不足问题

农村金融服务不足对农村妇女的经济发展和独立性构成严重挑战。农村地区的金融市场相对不发达，这导致妇女难以获得金融支持和服务，限制了她们的经济独立性。

第一，金融服务的缺乏。农村地区的金融机构相对较少，银行、信用合作社等金融服务提供者覆盖面不广，不如城市地区发达。这使得农村妇女更难获得贷款、储蓄、保险及其他金融产品和服务。她们可能需要花费更多的时间和精力来获取金融支持，这限制了她们参与经济活动的机会。

第二，金融产品的不适应性。农村金融市场通常倾向于提供传统的金融产品，这些产品可能不够灵活，无法满足农村妇女多样化的金融需求。农村妇女需要更灵活的贷款安排和储蓄计划来支持她们的小规模农业活动和创业项目。

第三，高额利息和贷款难度增加。由于农村金融市场不完善，一些非正规的借贷机构可能充斥农村地区，并向农村妇女提供高利息的贷款。这会增加她们的债务负担，加大其陷入贫困的风险。此外，正规金融机构可能要求过多的担保和文件，使她们获得贷款变得更加困难。

第四，农村妇女的金融素养不足。农村妇女的金融素养通常较低，她们可能不了解金融产品和服务，也不知道如何有效地管理金融事务。因此，需要提供金融教育和培训，帮助农村妇女提高金融素养，更好地利用金融工具来支持自己的经济活动。

政府可以通过以下措施来解决农村金融服务不足问题，支持农村妇女创业，提升其经济独立性。

第一，金融机构的支持。政府可以鼓励金融机构扩大对农村地区的覆盖，提供更多面向农村妇女的金融产品和服务；同时，可以设立更多的农村银行分支机构和提供农村信用合作社支持等。

第二，灵活的金融产品。金融机构应开发灵活、适应性强的金融产品，以满足农村妇女的需求。例如，可以通过小额贷款、小额储蓄计划和保险产品等，支持她们从事农业生产和开展创业项目。

第三，金融教育和培训。政府可以开展金融教育和培训，提高农村妇女的金融素养，帮助她们更好地理解和管理金融事务，使她们能够更有效地利用金融工具来支持自己的经济活动。

四、教育机会有限问题

教育机会有限是农村妇女面临的另一个重要问题。教育对于个人的自我发展和社会参与至关重要，然而，农村妇女在教育领域面临一系列挑战，限制了她们的学习和发展机会。

第一，学校资源不足。通常，一些农村地区的学校资源有限，这导致农村女孩无法接受到高质量的教育，限制了她们获取优质教育资源的机会。

第二，家庭经济压力。农村家庭收入通常依赖农业和临时性劳动，家庭经济状况不稳定。为了支持家庭经济，一些农村女孩可能被迫辍学或无法继续接受高等教育。

第三，性别差异现象。在一些农村地区，传统的性别角色观念仍然存在，女性的受教育机会受到限制。有些农村家庭更倾向于支持男孩接受教育，而忽视女孩的学习需求。

第四，教育不平等。农村地区的教育系统可能存在不平等现象，一些偏远地区女孩可能无法获得与城市地区相当的教育机会。这加大了农村女孩接受高等教育的难度。

第五，缺乏职业培训。农村妇女通常缺乏职业培训的机会，这使得她们在就业市场上面临更大的挑战，也限制了她们进入新兴行业和职业的机会。

政府可以采取以下措施来解决农村妇女教育机会有限问题。

第一，提供财政支持。政府可以提供财政支持，用于提高农村学校的基础设施和教材质量及师资力量，确保农村女性能够获得高质量的教育。

第二，提供奖学金和补助。设立奖学金和教育补助计划，帮助贫困家庭的女孩支付学杂费和其他教育成本，减轻其家庭经济压力。

第三，推动性别平等教育。加强性别平等教育，鼓励农村家庭支持女性的教育，打破性别差异，确保女性和男性都享有平等的受教育机会。

第四，加强职业培训。提供职业培训和技能培训机会，帮助农村妇女获取职业技能，提高其就业能力和经济独立性。

五、政策性别主流化是一种重要的政策方法

政策性别主流化旨在确保政府政策、计划和项目在制定和实施过程中充分考虑性别平等和妇女权益。这一方法的核心目标是将性别视角整合到政策和计划中，以消除性别不平等，促进妇女的全面发展，同时促进社会的可持续发展。

政策性别主流化的原则和做法包括以下六个方面。

（一）性别分析

进行性别分析，评估政策和项目对男女性别的影响，确定是否存在性别差异和不平等。这有助于政策制定者更好地了解政策可能产生的性别影响。

（二）性别平等目标

设定明确的性别平等目标，以确保政策和计划能够实现性别平等和妇女权益的提升。具体目标包括提高女性的参与率、减少性别工资差距、改善女性的健康和受教育状况等。

（三）性别敏感预算

在编制预算时，将性别因素纳入考虑，确保资源分配不会对男女产生不平等的影响。这可以通过确保妇女能够平等获得社会福利和资源来实现。

（四）性别数据收集和监测

收集和监测有关性别的数据，以便评估政策对性别的影响，并随时调整政策以解决潜在的性别不平等问题。

（五）性别培训和意识增强

通过培训，提高政府工作人员和政策制定者对性别问题的敏感性。

（六）建立性别主流化机构和机制

建立性别主流化机构和机制，负责监督政策性别主流化的实施，并确保政府各部门共同合作，以达到性别平等的目标。

政策性别主流化有助于消除性别不平等现象，提高妇女的社会地位和经济地位，促进社会可持续发展。通过将性别视角纳入政策制定和实施过程，政府能够更好地满足不同性别群体的需求，创造一个更加公平和包容的社会。这对于实现乡村振兴战略中的可持续发展目标至关重要。

六、倡导性别平等是推动乡村全面振兴的关键一环

在中国农村，倡导性别平等的意义重大，因为性别平等不仅是一项基本人权，而且是农村地区发展和稳定的重要因素。

性别平等教育是实现性别平等的重要途径。通过教育，可以提高农村居民对性别平等的认识，改变传统性别角色观念，减少性别歧视。政府可以支持性别平等教育项目（如学校课程、公共宣传和社区教育活动等），以促进性别平等的理念传播。政府和社会组织可以合作开展性别平等培训，培养农村妇女的领导能力和技能，使她们能够更好地参与社会和经济活动。这些培训可以包括农业技能、创业知识、社会参与和领导力提升等方面。

倡导性别平等需要改善性别统计数据的收集和分析方法。通过这一举措，能更好地了解农村妇女面临的问题和挑战。政府可以建立更全面的性别统计数据库，以支持性别平等政策的制定和监测。

政府和社会组织可以鼓励农村妇女参与决策过程，使她们在村庄层面和社区项目的规划中发挥作用。这有助于确保她们的声音被听到、需求被满足。政府可以通过立法和制定政策来促进性别平等，包括制定法律禁止性别歧视，确保妇女在经济、政治和社会领域都有平等的权利与机会，制定支持妇女权益和性别平等的政策，等等。

综上所述，政策制度设计的性别盲视是农村妇女面临的一个重要挑战。这种性别盲视意味着政策和制度未能充分考虑到性别差异和妇女的特殊需求，导致存在性别不平等现象。具体问题包括土地权益不平等、社会保障不足、农村金融服务不足、教育机会有限等。解决这些问题需要政府、社会组织和农村妇女自身的共同努力。政府可以制定并实施性别平等政策，明确规定农村妇女的

权益，并加强对性别问题的教育和宣传，以改变社会观念。此外，政府应采取措施，确保农村妇女能够平等获得土地、教育、社会保障和就业机会，并鼓励农村妇女参与政治决策。

第四节　历史文化的影响使农村妇女面临发展问题

历史文化因素对农村妇女的发展产生深远影响。这些因素包括传统性别角色与职责、婚姻和家庭观念、封建思想等。这些因素对妇女的社会地位、教育机会、就业机会和政治参与等方面产生了重要影响。

一、传统性别角色与职责

传统性别角色与职责在中国农村社会中扮演着重要的角色，这对农村妇女的发展产生了深刻的影响。在传统模式中，男性通常被视为家庭的经济支柱和社会的主要参与者。他们负责外出工作、赚取生计，以及维护家庭的经济稳定。相反，女性通常被期望成为家庭的主要照顾者，负责照料家庭成员、农田和牲畜，同时维护传统价值观和社会秩序。

这种性别角色分工模式虽然在城市地区已经发生变化，但在一些农村地区依然存在。

传统性别角色将男性视为主要的经济支持者，这可能导致农村妇女在经济机会方面受到限制。女性通常被期望留在家里，从事农田劳动和家务工作，这使得她们难以获得非传统领域的就业和创业机会，限制了她们的经济独立性。

传统性别角色也可能影响农村妇女的教育机会。由于妇女被视为家庭的主要照顾者，在一定程度上，可能会限制她们接受高等教育和追求职业发展的机会。

传统性别角色分工还可能降低农村妇女在社会和政治决策中的参与度。在一些农村地区，女性通常被限制在家庭和社区内，难以参与社会和政治活动，这使得她们的声音和需求较少被纳入政策制定与社会发展计划。

为消除传统性别角色与职责对农村妇女的限制，需要采取一系列综合措施。

第一，增强性别平等意识，鼓励家庭和社会更加平等地分担家庭职责。

第二，政府和社会组织可以提供支持和资源，帮助农村妇女获得教育、职业培训和经济机会，以提高她们的社会地位及经济独立性。

第三，通过教育和宣传来改变社会观念，促进性别平等和妇女发展。

二、婚姻和家庭观念的影响

婚姻和家庭观念在中国农村社会中扮演着重要角色，对农村妇女发展产生深刻的影响。在农村地区，婚姻通常被视为生活的重要组成部分，而家庭被视为社会和文化价值的核心。这些观念在一定程度上影响了农村妇女的社会地位和发展机会。

传统婚姻观念中的早婚和出嫁随夫对农村妇女的生活产生了特殊影响。在个别地区，早婚是普遍现象，一些农村妇女早早出嫁。这可能导致她们在教育和职业发展方面受到限制，因为她们需要履行家庭职责。出嫁随夫则意味着一旦嫁入丈夫的家庭，她们可能会长期居住在婆家，受制于婆家的家庭观念和规定，她们的自主权和社会参与受到限制。

为解决婚姻和家庭观念对农村妇女的不利影响，须采取一系列措施。

第一，提倡婚姻的平等和自愿原则，反对早婚和强迫婚姻。

第二，推动家庭观念的更新，强调男女在家庭和社会中的平等地位，鼓励男性参与家务和育儿。

第三，提供支持和资源，帮助农村妇女获得接受教育、职业培训的机会，提升她们的社会地位和经济独立性。

第四，加强性别平等教育和宣传，改变社会观念，促进性别平等和妇女发展。

三、封建思想的影响

封建思想对农村妇女的发展产生了深远影响。这些封建思想（如男权主义、尊卑有序等）影响了农村社会的价值观和行为规范，限制了农村妇女的社会地位和发展机会。

男权主义观念强调男性在家庭和社会中的主导地位，将女性置于从属地位。这会导致妇女在家庭内部和社会中缺乏平等地位，难以参与决策和发挥自己的潜力。

尊卑有序的封建观念强调社会层级和等级，将一些人置于更高的社会地位，而将其他人置于较低的地位。这会导致社会中出现不平等现象，使一些农村妇女面临社会排斥和歧视，难以获得平等的机会。

为克服封建思想对农村妇女发展的限制，需要采取一系列措施。

第一，增强性别平等意识，倡导男女平等的价值观。

第二，提供教育和培训，帮助农村妇女了解自己的权利与机会，增强她们的自信心和自主权。

第三，制定和执行反歧视政策，确保农村妇女在社会和家庭中受到平等对待。

第四，通过教育和宣传，改变社会观念，促进性别平等和妇女发展。

以上措施可以为农村妇女提供更多的平等机会，有助于消除封建思想对她们发展的限制，进而实现乡村振兴战略的目标。

四、坚守传统文化的积极影响和限制

坚守传统文化在中国农村社区中仍然占据重要地位，尤其是在一些偏远地区。这种坚守传统文化的现象对农村妇女的发展产生了深刻影响，既存在积极的一面，也存在限制的一面。

坚守传统文化有助于保护和传承丰富的乡村文化遗产，包括传统的手工艺品、民间艺术、民歌舞蹈和节庆活动等。对一些农村妇女而言，这些传统文化提供了参与和表达自己的机会，同时有助于维护社区凝聚力和文化认同。

坚守传统文化也可能产生一些限制。在一些农村社区中，传统文化对性别角色和期望有着严格的规定，给农村妇女的社会地位和自主权带来了挑战。例如，一些传统节庆活动可能强化了男性的主导地位，而将女性置于次要地位。

坚守传统文化有时会阻碍农村妇女获得现代教育和职业的机会。个别农村社区可能更倾向于传统价值观，认为女性角色应局限于家庭和社区，而不是参与非传统领域的职业和教育。这会限制妇女的个人发展。

为克服坚守传统文化对农村妇女发展限制问题，需采取一系列综合措施。

第一，鼓励传统文化保护与现代价值观融合，确保传统文化传承以不排斥性别平等和女性发展为原则。

第二，提供教育和宣传。帮助社区更好地理解性别平等的重要性，以促进坚守传统文化和性别平等之间的平衡。

第三，支持农村妇女参与传统文化活动，把握经济机会，从而提高她们的社会地位和经济独立性。

总之，传统文化对农村妇女发展有着复杂且深刻的影响，既有挑战，也有机会。通过增强性别平等意识、提供教育和培训、制定反歧视政策及支持农村妇女参与各项活动，可以充分发挥传统文化的积极影响，同时克服其可能产生的限制，为农村妇女提供更多平等的机会，助力实现乡村振兴战略目标。

第五节　社会参与力量的不足使农村妇女面临发展问题

一、社会参与力量不足的体现

（一）农村妇女通常在社会组织和政治领域发声较少

在一些社区中，社会组织可能相对匮乏，政治决策过程也可能缺乏农村妇女代表。这使得农村妇女在社会和政治事务中发表自己的声音较为困难，难以影响决策的方向。

（二）社会参与力量不足在经济领域的表现

农村妇女可能面临有限的经济机会，难以参与就业和创业。缺乏经济独立性可能使她们更依赖家庭的经济支持，进一步限制了她们的社会参与和自主权。

二、社会参与力量不足对农村妇女发展产生深远的影响

（一）受教育水平不足

一些农村妇女受教育水平的限制，可能在参与社会和政治事务时，缺乏必要的知识与技能，从而影响其决策能力和表达能力，限制她们在社会参与中发挥作用。

（二）受社会规范和传统观念影响

社会中的传统观念和性别角色刻板印象会限制农村妇女的社会参与。一些社区可能认为女性的主要任务是结婚生子和照顾家庭，而不是参与政治、经济或社会活动。这种观念可能导致妇女在社会参与中受到排斥或歧视。

（三）政治权力结构较为封闭

在一些农村地区，政治权力结构可能较为封闭，政治决策主要由一小部分人掌握。这可能限制广大农村妇女参与政治决策的机会，使她们在政策制定中的声音较为微弱。

（四）缺乏社会资本

社会资本，包括社交网络和关系，对于社会参与非常重要。然而，一些农村妇女可能由于地理隔离、经济条件或社会地位而缺乏社会资本，这使得她们更难参与社会活动和决策过程。

解决这些问题需要采取一系列措施，包括提供教育和培训机会，丰富和提高农村妇女的知识与技能，加强对性别平等和妇女权利的教育和宣传，倡导开放的政治和社会参与机会，以及支持农村妇女建立社会资本和社交网络。通过这些努力，可以逐步增强社会参与力量，为农村妇女提供更多的机会，助力实现乡村振兴战略目标，促进社会的全面进步和可持续发展。

三、解决社会参与力量不足问题应采取的举措

（一）制定性别平等政策和法规

政府可以制定和执行性别平等政策和法规，以确保农村妇女在各个领域的参与得到保障。这包括鼓励农村妇女参与政治决策、保障她们在经济活动中获得平等的机会，以及加强对农村妇女权利的法律保护。

（二）社会支持和建立农村妇女组织

政府和非政府组织可以提供支持，帮助农村妇女建立社会网络和组织。农村妇女组织可以发挥重要作用，促进妇女之间的合作和互助，同时为她们提供培训和资源。

（三）提高教育水平，增强性别平等意识

教育是提高农村妇女社会参与度的关键因素。政府和社会应致力于提高农村妇女的受教育水平。宣传活动和社会教育可以增强人们的性别平等意识，减

少性别歧视和偏见。提供平等的教育机会，特别是针对农村妇女的职业培训和教育项目，可以帮助她们获得更多的知识与技能，提高她们的社会参与能力。政府和社会组织可以提供更多的资源和支持，鼓励农村妇女参与社会及政治领域的决策和管理。此外，建立妇女友好型社区和提供相关的社会服务（如托儿所和医疗服务），可以减轻农村妇女的家庭及社会参与负担，使她们更容易参与各种活动。

（四）创造多样化的参与机会

创造多样化的参与机会，鼓励农村妇女积极地参与社会和经济生活活动。这些机会包括制订农村妇女创业支持计划、建立农村妇女合作社和搭建农村妇女参与决策平台等。

（五）鼓励农村妇女担任领导和代表职务

为了增强农村妇女的社会参与度，政府和社会组织可以积极培养及鼓励农村妇女担任领导和代表职务。担任领导和代表职务将有助于她们更好地解决自身问题与满足自身需求。

（六）组织实施社会参与项目

政府和非政府组织可以实施社会参与项目，通过培训等方式，帮助农村妇女获取社会参与所需知识与技能。这些项目可以涉及领导力发展、沟通技巧、决策参与等方面。

（七）建立妇女友好型社区

社区级的倡导活动和政策制定可以致力于建立妇女友好型社区，即提供安全、包容和平等的环境，肯定妇女的参与及贡献。这些活动包括改善基础设施、提供托儿和照护服务等。

（八）收集和监测数据

收集和监测与农村妇女社会参与相关的数据，有助于更好地了解问题的范围和性质，制定更有针对性的政策和项目。这些数据可以用于评估项目进展和改进干预措施。

综合而言，解决社会参与力量不足问题需要全社会的共同努力，包括政府、非政府组织、社会机构和个人。通过提高农村妇女的受教育水平、制定政策法规、提供社会支持和创造多样化的参与机会，社会参与力量不足问题可以逐渐被解决，从而为农村妇女提供更多的社会参与机会，推动乡村振兴战略的全面实施，促进社会的全面进步和可持续发展。

第四章 马克思主义妇女理论对农村妇女解放和发展问题的理论剖析

全面实施乡村振兴战略对农村妇女发展提出了新的挑战和要求。在这一背景下，理论分析变得尤为重要，应深入探讨马克思主义妇女理论对农村妇女发展问题的启示。本章将从以下五个不同的理论维度，剖析马克思主义妇女理论对农村妇女解放和发展所提供的理论支持。

第一，从妇女解放先决条件探讨农村妇女参与社会劳动问题。马克思主义妇女理论强调农村妇女的解放和其参与社会劳动密不可分。这部分主要探讨在农村妇女参与社会劳动的过程中，妇女解放的先决条件是什么，以及如何促进农村妇女更广泛的就业机会和劳动权益的保障。

第二，从妇女解放基础探讨农村妇女权益保护问题。马克思主义妇女理论认为，妇女解放的基础是妇女的经济独立和权益保护。这部分主要探讨如何在农村地区建立有效的法律和社会机制，保护农村妇女的权益，特别是在土地、财产和继承权等方面。

第三，从妇女解放内容探讨农村妇女婚恋自由和家庭稳定问题。婚恋和家庭对农村妇女的生活有着深远影响。这部分主要从马克思主义妇女理论的角度探讨如何促进农村妇女的婚恋自由、家庭稳定及婚姻关系的平等与和谐。

第四，从妇女社会作用探讨农村妇女人力资源质量提升问题。马克思主义妇女理论认为，妇女在社会中的作用至关重要。这部分主要分析如何激发农村妇女的社会作用，提高人力资源质量，使她们更好地参与社会发展。

第五，从妇女同自然之间的联系探讨农村妇女对生态环境的促进作用。马克思主义妇女理论强调人与自然的关系。这部分主要探讨农村妇女在生态环境保护和可持续农业发展方面的角色，以及如何实现妇女与自然的和谐互动。

通过本章的理论剖析，我们将深入理解马克思主义妇女理论对农村妇女发展的理论启示，为推动农村妇女在乡村全面振兴中发挥更重要的作用提供理论支持。这也有助于构建更加平等、包容和可持续的农村社会，实现乡村振兴战略目标。

第一节　从妇女解放先决条件探讨农村妇女参与社会劳动问题

马克思主义妇女理论强调妇女解放和参与社会劳动之间的密切关系。在农村地区，妇女参与社会劳动对于她们的经济地位、社会地位和自主权益的保障具有重要意义。

恩格斯指出，妇女解放的三个先决条件分别是：一切女性重新回到公共的事业中去[1]，现代大工业使家务劳动只占妇女极少的工夫，把私人的家务劳动逐渐溶化在公共的事业中[2]。恩格斯关于妇女解放条件的思想为世界妇女解放指明了方向和道路。农村妇女走出家门务工，回到公共事业中参加社会劳动，迈出了经济独立的第一步；在经济独立的基础上，进一步争取政治平等权益，走向自身解放和发展。因此，参与公共劳动是农村妇女发展的第一步。和西方妇女走向社会生产之后追求解放不同，中国妇女是在现代化建设中经历劳动力社会化的过程中追求解放，是在斗争中求解放，在生产中求平等。农村妇女只有同男性一样参与乡村建设，才能在参与社会经济发展中求平等和发展。改革开放过程中，对20世纪80年代和90年代两次"妇女回家"的争论及抵制，就是在马克思主义妇女观指导下对妇女解放的继承发展。虽然农村妇女参与社会劳动可以获得平等劳动权利，但是存在自然分工使务工妇女不得不面临职业的性别隔离，而且更多的是纵向隔离，使妇女长期处于次级劳动力市场，导致其经济地位低下，既很难向上流动到高级劳动力市场，也很难改变社会地位低的现实。另外，因为传统性别分工的存在，社会依然是女性从事家务劳动的性别角色模式。家务劳动社会化需要发达的工业化水平，在没有达到家务劳动社会化的社会经济条件之前，农村妇女仍然要担负生产和家务的双重劳动负担。

---

① 马克思、恩格斯：《马克思恩格斯文集》第4卷，人民出版社，2009，第88页。
② 同上书，第181页。

一、创造农村妇女参与社会劳动的条件和机会

（一）建立在经济独立和资源控制的基础上

农村妇女应有权控制土地、财产和资源，这将使她们更有经济自主性，能够自主决策参与社会劳动。政府和社会组织应该采取措施，确保农村妇女在资源分配中享有平等的权益，不受性别歧视的影响。

（二）教育和培训是农村妇女参与社会劳动的关键因素

提供平等的教育机会和职业培训有助于提高农村妇女的技能水平，增加她们在不同行业和职业领域的就业机会。这不仅有助于农村妇女实现经济独立，而且有助于增加家庭的经济收入。

（三）保障妇女的劳动权益

政府应建立健全法律框架和政策，保护农村妇女在工作场所的权益，包括薪资、工时和安全等方面。这将确保农村妇女能够在劳动市场中获得公平待遇，不受性别歧视的侵害。

（四）创造支持性的社会文化环境

社会应健全完善性别平等和反对性别歧视的文化，改变传统性别角色歧视观念，鼓励农村妇女追求职业发展和自主选择。家庭和社区也应该支持农村妇女的就业和职业发展，为她们提供必要的支持和鼓励。

妇女解放和农村妇女参与社会劳动密切相关。要实现妇女解放，必须创造一个有利于她们参与社会劳动的环境，包括经济独立、教育培训、劳动权益保护和支持性文化等方面的条件。只有这样，农村妇女才能更广泛地参与社会劳动，为乡村全面振兴贡献更多的力量。

二、农村妇女参与社会劳动对农村社会发展和经济增长产生积极作用

农村妇女的解放和参与社会劳动不仅对她们个人的生活有着深远的影响，而且对整个农村社会的发展和经济增长产生积极的作用。农村妇女参与劳动可以促进农村劳动力资源的有效利用，推动农村经济的增长和农村社会的发展。

（一）有助于改善家庭经济状况

许多农村家庭依赖农业生产，农村妇女参与劳动可以增加农业劳动力，提高农业生产效率和产量。此外，农村妇女的经济独立也意味着她们能够为家庭贡献收入，改善家庭的经济状况，提高家庭的生活水平。

（二）有助于提高农村社会的发展水平

农村妇女在农村社会中扮演着重要的角色，她们参与农村社会事务、村民自治和社会组织，有助于提升社区的凝聚力和发展动力。农村妇女的参与还可以促进社会公平，有助于改善农村社会的整体环境。

（三）有助于传承和弘扬传统文化

在农村地区，妇女通常是传统文化的守护者和传承者，她们参与农村文化活动，有助于传统文化的传承和发展，保持农村社区的文化多样性。

（四）对于实现乡村振兴战略目标至关重要

乡村振兴需要充分发挥农村妇女的潜力，使她们成为乡村社会发展的重要动力。农村妇女的参与，可以促进农村经济的多元化，推动农村产业升级，提高农村社会发展的可持续性。

（五）有助于乡村社会的繁荣和可持续发展

农村妇女的解放和参与社会劳动不仅有助于她们个人的发展，还对整个农村社会及经济的发展有重要的意义。为了实现乡村振兴战略目标，应创造一个有利于农村妇女参与社会劳动的环境，确保她们能够充分发挥自己的作用，为乡村社会的繁荣和可持续发展贡献更多力量。

（六）有助于促进性别平等和社会公正

在过去的发展过程中，农村妇女往往面临经济地位低下、社会权益受限的问题。然而，通过农村妇女参与社会劳动，可以逐渐改变这种局面，实现性别平等的目标。农村妇女的经济独立和社会参与有助于改善她们的社会地位，提高她们在家庭和社区中的话语权与决策权。

（七）有助于改善农村社会的性别氛围

农村妇女经济独立的榜样作用，可以影响更多妇女参与社会劳动，鼓励年轻女性追求职业发展，打破性别角色限制。这将有助于消除性别歧视，营造一个更加平等和包容的社会环境。

（八）有助于增强农村妇女的自信心和社会认同感

通过参与劳动及社会活动，农村妇女可以获得成就感和社会认可，增强自信心，从而更好地应对生活中的挑战。这有助于提高她们的生活质量，保持心理健康，并为社会的和谐发展作出贡献。

（九）有助于改善社会服务和基础设施

农村妇女通常更了解社区的需求和问题，可以为社区发展提供更有针对性的建议和支持。在教育、医疗、环境保护等领域，农村妇女的参与可以促使相关部门更关注基层社区的发展，扩大社会服务的覆盖范围，提高社会服务的质量。

总之，农村妇女参与社会劳动对她们个人、家庭和社会都具有积极的影响。通过创造有利于农村妇女参与社会劳动的条件与机会，可以实现农村妇女的解放和发展，促进性别平等及社会公正，推动农村社会的繁荣和可持续发展。政府、社会组织和农村妇女个人等都应积极参与、共同努力，为农村妇女参与社会劳动提供支持和机会。

三、农村妇女参与社会劳动对于生态环境具有重要意义

在乡村全面振兴背景下，人们越来越意识到保护生态环境和实现可持续发展的紧迫性。农村妇女在这一过程中发挥着积极作用，有助于促进生态环境的改善和保护。

（一）对于农村环境的保护起着至关重要的作用

农村妇女作为农村生活的管理者和参与者，对于农村环境的保护起着至关重要的作用。她们参与农业生产、土地管理和自然资源的利用，因此能够推动可持续农业和资源管理的实践。合理的土地利用、水资源管理和生态农业发

展，能减少对生态环境的不利影响，保护土壤、水源和生物多样性。

（二）有助于推动乡村生态旅游业发展

随着乡村生态旅游业的兴起，农村地区的生态环境和自然景观成为吸引游客的重要资源。农村妇女参与乡村生态旅游业，不仅能够为家庭增加收入，而且有助于推动乡村生态旅游业发展。她们可以传承和展示农村文化与传统工艺，既能吸引游客，又能提高农村社区的生活质量。

（三）有助于增强人们的环保意识

农村妇女可以参与环保项目和社区活动，通过教育和宣传来增进人们对环境保护的认识，鼓励大家采取更环保的生活方式，减少浪费和污染，共同保护自然资源和生态平衡。

（四）为生态环境保护提供更多创新和可持续的解决方案

农村妇女通常对当地的自然环境有着深刻的了解，并且在日常生活和农业生产中积累了丰富的经验。这些知识和经验可以应用于生态保护与可持续资源管理的实践中。

（五）在农业生产中推广生态友好的耕作和种植方法

农村妇女可以在农业生产中减少农药的使用，降低农业生产对环境的负面影响；还可以参与农村社区的生态保护项目（如植树造林、水源保护和野生动植物保护等），为改善当地的生态环境贡献力量。

（六）推动生态文化的传承和弘扬

农村妇女通常是农村文化的传承者和守护者，在生态保护方面有着深厚的传统文化底蕴。他们可以通过参与农村文化和生态教育活动等传播生态理念，激发社区人员的环保热情，培养更多的环保志愿者。

（七）对乡村振兴战略的全面实施至关重要

生态环境的改善和可持续资源管理是乡村振兴战略的重要组成部分。农村妇女参与社会劳动可以促进生态环境的改善，为乡村社会的可持续发展提供重要支持。

农村妇女的社会劳动参与不仅对她们个人、家庭具有积极的影响，而且对生态环境的改善和保护有着重要意义。她们的参与，可以推动生态保护和可持续发展的实践，传承和弘扬生态文化，为乡村振兴战略的全面实施贡献力量。因此，全社会都应重视农村妇女的作用和潜力，并为她们提供支持与机会，共同构建更加绿色、宜居和可持续的农村社会。

四、鼓励农村妇女参与社会劳动，更好地推动农村社会可持续发展

农村妇女社会参与力量不足在一定程度上制约了乡村振兴战略的全面实施和生态环境的改善。因此，需要采取一系列措施来增强农村妇女的社会参与力量，以更好地推动农村社会可持续发展。

（一）加强对农村妇女的政策支持和培训

制定并实施有利于农村妇女参与社会劳动的政策，包括鼓励农村妇女就业、提供职业培训、保护劳动权益等。同时，提供有针对性的培训，提高农村妇女的技能水平和职业竞争力，使她们更好地满足社会劳动的需要。

（二）发挥社会组织和农村社区的重要作用

建立妇女组织和社区支持网络，为农村妇女提供信息、资源与支持，鼓励她们参与社会劳动和生态保护活动。社会组织还可以开展教育和宣传活动，增强农村妇女的环保意识及社会责任感。

（三）家庭和社区要给予理解与支持

传统性别角色观念和家庭压力是阻碍妇女参与社会劳动的因素之一。因此，需要进行家庭教育和社会宣传，改变传统观念，鼓励家庭成员共同分担家庭和社会劳动，营造更平等的家庭环境。

（四）充分发挥媒体作用

媒体应传播农村妇女的成功经验和故事，树立榜样，鼓励更多的农村妇女参与社会劳动和生态保护活动。这样可以提高社会对农村妇女的关注度，引导

社会舆论对她们给予尊重和认可。

（五）营造性别平等和社会公正的氛围

在实施相关政策和措施时，应特别考虑农村妇女的需求及权益，避免性别歧视。政府和社会应确保农村妇女享有平等的教育、职业机会及劳动权益，打破传统性别角色限制，鼓励农村妇女积极参与各个领域的社会劳动。

（六）完善监督和评估机制

建立有效的监测体系，跟踪农村妇女的社会劳动参与情况和生态保护成效，及时发现与解决问题。同时，开展相关政策及项目的评估，确保它们能够真正促进农村妇女的参与和发展。

总之，增强农村妇女的社会参与力量既是乡村全面振兴的关键要素之一，也是实现生态环境保护和可持续发展的必要条件之一。政府、社会组织、家庭和媒体等各方应共同努力，为农村妇女提供支持和机会，营造一个平等、包容、繁荣的农村社会环境。

第二节　从妇女解放基础探讨农村妇女
权益保护问题

权益保护是妇女解放的重要基础。马克思和恩格斯强调，在劳动过程中加强对妇女的劳动保护，认为争取男女同工同酬始终是所有社会主义者的要求。劳动妇女，由于她们的特殊生理机能，需要特别的保护，尤其是备受关注的"外嫁女"权益问题。在有些农村地区，妇女只要嫁给了外村人，无论户口是否迁出，原居住地征地拆迁时，征地拆迁补偿分配均将其排除在外，涉及的其他土地权益也不再享有。这些"外嫁女"，在婆家通常也较难获得集体经济组织成员身份，最终导致两边权益都落空。2023年1月1日起正式施行的《中华人民共和国妇女权益保障法》规定："妇女在农村集体经济组织成员身份确认、土地承包经营、集体经济组织收益分配、土地征收补偿安置或者征用补偿以及宅基地使用等方面，享有与男子平等的权利。"2024年6月28日第十四届全国人民代表大会常务委员会第十次会议通过的《中华人民共和国农村集体经济组织法》规定："妇女享有与男子平等的权利，不得以妇女未婚、结婚、离婚、丧偶、户无男性等为由，侵害妇女在农村集体经济组织中的各项权益。"

面对这种社会现实，必须切实维护农村妇女各项合法权益，改善不合理的性别分工和性别秩序，推进性别平等。

实现男女平等，不仅要构建维护妇女权益的法律法规体系，也要真正落实维护妇女合法权益的措施。转变性别观念，在尊重性别差异的基础上，保护妇女的特殊权益，把社会性别意识纳入国家决策主流，增强性别平等意识，形成维护农村妇女权益的良好社会氛围，在就业、教育、参政、人身及社会保障等各方面保障农村妇女的生存发展条件。但是，目前我国处在社会主义初级阶段，生产力总体水平和发达国家还有一定差距，与此相关的政治体制、法律体系、传统观念等因素都会在一定程度上制约农村妇女的生存发展。迄今为止，个别地区农村妇女在集体经济组织中的各项权益仍难以得到有效保障，我国在反对妇女歧视和保护妇女权益方面仍待进一步加强。

农村妇女解放和权益保护是社会发展及性别平等的重要组成部分。在农村地区，建立有效的法律和社会机制，保护农村妇女的权益（特别是在土地、财产和继承权等方面）具有重要意义。

一、建立有效的法律和社会机制，保护农村妇女权益

（一）保护农村妇女的土地权益

土地在农村社会中具有重要意义，对于农村妇女来说，土地是经济生活的基础。因此，应建立和完善土地权益保护法律，确保农村妇女能够享有土地的使用权与支配权。此外，需要完善土地权益的登记和监管机制，防止土地被非法侵占及滥用。

（二）保护农村妇女财产权和继承权

农村妇女在家庭和社会中扮演着重要的经济角色，因此应保障她们的财产权和继承权。建立公平的继承法律制度，确保农村妇女能够合法继承家庭财产。同时，需要加强对财产权和继承权的宣传与教育，提高农村妇女对自身权益的认识和维护能力。

（三）保护农村妇女的劳动权益

农村妇女在农村社会中承担着重要的劳动任务，但往往面临着劳动权益被

侵犯的问题。因此，应建立健全相关法律制度，保障农村妇女的劳动权益，包括工资、工时、休假和工作条件等方面的权益。同时，需要加强对农村妇女劳动权益保护意识的培养和宣传。

（四）促进社会机构和妇女组织积极参与保护农村妇女权益

社会机构可以通过提供法律援助、咨询服务和培训等方式，帮助农村妇女了解并维护自己的权益。妇女组织可以发挥积极作用，组织相关培训和宣传活动，增强妇女的权益保护意识和行动力。

二、通过宣传、教育、培训和社会参与，增强农村妇女的权益保护意识和能力

农村妇女解放和权益保护问题，不仅是一个法律问题，而且是一个社会文化和意识形态问题。因此，在推动农村妇女解放和权益保护方面，需要深入开展宣传和教育工作，让社会各界对农村妇女权益保护有充分的认识，并给予足够的支持。

（一）通过媒体和社会教育渠道普及有关妇女权益和性别平等的知识

通过媒体和社会教育渠道普及有关妇女权益和性别平等的知识，有助于提高社会大众的性别敏感度，让更多人了解农村妇女所面临的问题和挑战。同时，可以宣传成功的案例和先进的经验，鼓励更多的农村妇女参与到社会劳动及决策中，展示她们在各个领域的积极贡献。

（二）开展培训和教育活动，增强农村妇女的权益保护意识和能力

通过开展法律培训、职业技能培训和社会参与培训等方面的工作，农村妇女可以更好地了解和维护自己的权益，并提升自身的社会参与能力。

（三）鼓励农村妇女参与各种社会组织和妇女团体

农村妇女应积极参与社会活动和政治决策，这有助于她们更好地发声，从

而争取自己的权益。

（四）吸纳农村妇女的建议和意见

政府和社会机构应积极倾听农村妇女的声音，吸纳她们的建议及意见，制定更符合实际情况的政策和法律。农村妇女的参与是政策制定和执行的重要组成部分，她们的经验和观点应该得到充分的重视。

三、通过国际和国内合作与交流来保护农村妇女权益

（一）国际层面

各国之间可以分享成功的经验和最佳实践，共同探讨农村妇女权益保护的策略和方法。国际组织和非政府组织也可以提供支持和资源，帮助农村妇女解决面临的问题。

（二）国内层面

各级政府需要加强农村妇女权益保护的政策制定和实施。这包括加强宣传教育、建立投诉和举报渠道、提供法律援助和支持服务等方面的工作。政府可以通过制定和修订相关法律法规，明确农村妇女权益保护及法律救济的途径，增强农村妇女的法律意识和维权能力。

（三）社会各界应积极参与农村妇女权益保护工作

企业可以提供更多的就业机会和职业培训，支持农村妇女走向经济独立。媒体可以报道农村妇女的成功案例和问题，引起社会关注。妇女组织和志愿者可以开展社区服务和支持活动，帮助农村妇女解决实际问题。

四、农村妇女解放和权益保护需要持之以恒的努力

农村妇女解放和权益保护不能停留在口号和计划的层面，而是需要付诸实际行动。

（一）政府应加大对农村妇女的支持力度

通过制定和完善相关法律法规、提供财政资金及给予培训和就业机会等方

式，帮助农村妇女实现经济独立。特别是在土地问题上，政府应加大对农村妇女土地权益的保护力度。

（二）开展教育和宣传活动

农村妇女需要了解自己的权益，并知道如何维护这些权益。为此，政府和社会组织可以开展权益保护的宣传教育活动，提供相关的知识和技能培训，让农村妇女具备更强的维权能力。

（三）建立妇女组织和社区支持网络

妇女组织可以为农村妇女提供咨询和法律援助，组织她们参与社会活动和政治决策，提升她们的社会参与能力。社区支持网络可以为农村妇女提供互相帮助和支持的平台，从而建立更紧密的社会关系。

（四）关注农村妇女的健康问题

身体健康是农村妇女参与社会劳动和争取自己权益的前提，应对此给予充分的关注和支持，为农村妇女提供充足的医疗资源和保健服务。

（五）学习及借鉴其他国家和地区的成功经验

不同国家和地区面临的问题和挑战各不相同，但我们可以从其他国家和地区的成功经验中得到启发，共同探讨解决问题的方法，从而更好地维护我国妇女权益。

（六）加强研究和数据收集工作

加强研究和数据收集工作，深入了解农村妇女面临的问题和挑战。这有助于政府和社会机构更有针对性地制定政策和项目，以满足农村妇女的需求。还可以通过定期的性别统计数据和社会调查，监测权益保护政策的实施效果，以便及时调整和改进措施。

（七）媒体和公众舆论的引导

媒体可以报道农村妇女的故事、成功案例和存在的问题，引发社会的关注和讨论。这有助于推动社会舆论和观念的改变，促使更多人关心和关注农村妇女的权益保护问题。

总之，在不断推动农村妇女解放和权益保护问题上，需要全社会的共同努力，包括政府、媒体、教育机构、妇女组织和国际社会等。只有通过综合性的政策和行动，才能够为农村妇女营造一个更加平等、公正和包容的社会环境。只有通过长期不懈的努力，才能实现性别平等的目标，让农村妇女能够充分发展自己的潜力，为社会的繁荣和可持续发展贡献更大的力量。

第三节　从妇女解放内容探讨农村妇女婚恋自由和家庭稳定问题

家庭稳定对农村妇女及其子女的生活质量至关重要，本节将探索推进农村妇女婚恋自由和家庭稳定的举措。

实现自由的婚姻是妇女解放的重要内容。恩格斯指出："结婚的充分自由，只有在消灭了资本主义生产和它所造成的财产关系，从而把今日对选择配偶还有巨大影响的一切附加的经济考虑消除以后，才能普遍实现。"[①] 婚姻的基础是经济条件，经济因素和政治因素等外在条件掺杂其中，成为人们权衡利弊、互相交易的工具。改革开放以来，随着市场经济的发展，在等价交换原则和追求效益的负效应影响下，受拜金主义、享乐主义的影响，一些农村女性婚恋观、家庭观、价值观等受到不良思想的浸染。在择偶标准上，她们更注重家庭经济、个人收入，在培养感情的过程中更注重物质利益，容易受到物质条件的影响。例如，一些地方的"天价彩礼"，使婚姻演变成物质交换，"天价彩礼"不仅给对方造成经济压力，影响婚姻家庭的和谐稳定，而且不利于弘扬社会文明新风尚。

部分农村女性婚恋观有现实性和功利性的趋势，导致婚恋标准异化。一些妇女因为身处社会底层、经济不独立、受封建男权的影响，习惯于依附男性。个别妇女为了走出农村获得社会地位向上流动的机会，从权衡利害的角度出发选择婚姻，产生买卖婚姻等一些社会问题。由此引发的社会问题，既不利于妇女自身的解放和发展，也不利于下一代的教育成长，甚至会加剧社会不稳定现象的发生。这些现象的实质是以金钱为基础的利益交换，是与现代的婚恋观相矛盾的。

---

① 马克思、恩格斯：《马克思恩格斯选集》第 4 卷，人民出版社，2012，第 93 页。

引导农村妇女树立正确的婚恋观，推动文明乡风建设。要更多地关注即将步入婚姻殿堂的双方在世界观、人生观、价值观方面的契合度，着力于感情培养，夯实幸福美满婚姻的"地基"，树立健康、节俭、文明的婚嫁理念。

一、开展性别平等和婚姻权益教育

通过提供性别平等和婚姻权益教育，帮助农村妇女了解她们的权利，鼓励她们独立思考和作出婚姻决策。在农村地区推广性别平等教育（包括学校教育和社区宣传），可以传播现代化的性别观念，强调婚姻伴侣之间的平等关系，鼓励夫妻共同承担家庭责任。

此外，可以提供性别平等教育和婚前咨询服务，帮助婚姻伴侣更好地理解婚姻的意义、责任与权益，帮助他们建立积极的婚姻观念和家庭关系。

二、提供心理咨询和支持服务

为了帮助农村妇女处理与婚恋相关的心理压力和情感问题，需要提供心理咨询和支持服务。这有助于改善婚姻关系，缓解家庭紧张氛围和减少分歧。推广家庭教育和亲子关系培训，可以帮助夫妻改善沟通和解决冲突，提高家庭和谐度。这些培训可以帮助夫妻更好地相互理解和支持。

三、建立健全社会支持网络和体系

建立健全社会支持网络，包括妇女互助组织和婚恋咨询中心，以及社区组织、家庭服务中心，为农村妇女提供心理和社会支持。这些社会支持网络可以成为农村妇女分享经验和获得支持的平台，同时为她们提供支持和建议。

建立健全社会支持体系，包括心理咨询和家庭辅导服务，帮助婚姻伴侣处理家庭问题和冲突，维护婚姻稳定。通过提供家庭服务（如托儿所、长者照顾和家政服务），减轻农村妇女在家庭中的负担，帮助她们更好地平衡工作和家庭生活。通过社区教育和宣传活动，可以与社区居民进行互动，形成现代化的性别观念和家庭关系模式。利用媒体和社交平台传播性别平等和家庭和谐的信息，有力倡导现代化的婚姻观念。

四、提供庇护所和法律援助

加强法律宣传工作，让农村妇女了解自己的权益和维权方法。提供法律援助和咨询服务，帮助农村妇女维护自己的合法权益。

通过健全完善法律，保护婚恋自由，打击包办婚姻、早婚和强迫婚姻等不法行为；保护婚姻伴侣之间的平等权益，包括财产共有权、离婚权和继承权等；保护妇女免受家庭暴力和虐待，确保妇女在婚姻和家庭中享有平等权益；提供法律援助和支持，帮助妇女维护自己的权益。同时，完善有利于农村妇女婚姻和家庭稳定的政策，确保法律和制度能够有效保护农村妇女的权益。

五、提供平等的职业机会

农村地区应该提供更多平等的职业机会，不受性别限制，鼓励农村妇女积极参与各行各业的工作，从而实现经济独立。经济是妇女解放和发展的底气。因此，要鼓励农村妇女追求经济独立，并为她们提供职业培训和就业机会，使其能够获得自己的收入和财产，减轻对家庭的经济依赖。同时，这有助于提高她们在婚姻中的地位。

六、促进婚姻关系的平等和谐

平等和谐婚姻关系有助于保持家庭稳定和提高妇女的生活质量。可以通过培养婚姻伴侣之间的性别平等观念、提供夫妻沟通和冲突解决技巧的培训、制定法律保护婚姻伴侣之间的平等权益等举措，提高农村妇女的生活质量，促进性别平等和社会发展。农村妇女的婚恋自由和家庭稳定也受到传统性别角色和职责的影响。因此，应鼓励农村妇女参与社会和家庭决策，使她们能够发挥更积极的作用，从而塑造更平等和谐的家庭关系。

七、减轻传统文化观念对家庭产生的压力

一些农村地区还存在传统文化观念，这些传统文化观念对农村妇女的婚恋自由和家庭稳定产生了影响。为了推动农村妇女的婚姻关系更加平等和谐，减轻传统文化观念对家庭产生的压力，应鼓励农村妇女根据自己的意愿选择伴侣，而不受传统社会期望的束缚。

（一）尊重婚姻形式多样性

传统文化观念有时会限制婚姻形式多样性，而社会应该尊重婚姻形式多样性，包括尊重不同文化背景下的婚姻形式。

（二）性别平等的价值观

传统文化中可能存在性别不平等的价值观，如男尊女卑的观念。通过教育和宣传，可以传播性别平等的价值观，强调婚姻伴侣之间的平等关系。

（三）家庭关系重构

传统文化通常赋予家庭特殊的价值，但有时会将妇女视为家庭的附属。因此，需要重新构思家庭关系，在平等、尊重及合作的基础上，让农村妇女能够在家庭中发挥更积极的作用。

（四）文化传统与法律相协调

法律和文化传统之间应该达成一种平衡，以保护农村妇女的权益，同时尊重社会和文化背景。这需要制定灵活的法律和政策，以满足不同地区和社群的需求。

通过克服传统文化观念的限制，促进农村妇女的婚恋自由和家庭稳定，可以形成更平等和谐的婚姻关系，提高农村妇女的生活质量，同时有助于推动形成更公平、包容的社会。

通过教育和宣传，可以改变封建思想观念，保障农村妇女的平等权利和自主选择婚姻伴侣的权利。推动婚姻自由，鼓励婚姻伴侣之间的自由选择和尊重，反对包办婚姻和婚前安排。通过改变封建思想和传统文化观念，推动婚姻伴侣之间的平等和谐关系，农村妇女可以更自由地选择婚姻伴侣，同时能享有平等的权益和稳定的家庭环境，这有助于减少强迫婚姻和早婚现象，也有助于提高农村妇女的婚姻生活质量。

第四节　从妇女社会作用探讨农村妇女人力资源质量提升问题

从妇女社会作用探讨农村妇女人力资源质量提升问题，需要综合考虑多个方面的因素。

马克思指出，"没有妇女的酵素就不可能有伟大的社会变革。社会的进步可以用女性（丑的也包括在内）的社会地位来精确地衡量"[①]。对妇女在社会变革和发展中的重要作用，马克思给予高度肯定。农民问题是中国的根本问题。改革开放以来，包括进城务工的农村妇女在内的广大农民工为社会主义建设作出了巨大的贡献，这些农村妇女成为建设和改革时期的一支伟大人力资源队伍。广大进城务工的农村妇女积极投身到改革开放之中，这既是时代赋予农村妇女的机遇和任务，也是时代向农村妇女提出的发展要求。农村妇女的发展空间是由发展资源的容量决定的，主要包括接受教育与培训机会及得到流动机会这两个能使农村妇女自身获得发展的因素。农村妇女对这些发展资源的占有量远远不足，再加上自身主体意识的长期缺失，导致难以摆脱被边缘化、客体化，这些都限制了农村妇女这一伟大人力资源队伍质量的提升和力量的壮大。

一、技能提升的必要性

提供职业培训和技能提升机会对于农村妇女的发展至关重要。在农村地区，妇女通常从事传统的家庭和农业劳动，但社会和经济的快速变革要求她们具备更广泛的职业技能。通过提供职业培训和技能提升机会，可以实现以下关键目标。

（一）增加农村妇女的就业机会

职业培训可以涉及各个领域，如农业技术、手工艺和服务业等。具备相关技能的妇女更容易找到工作，她们不仅可以在农村地区就业，还可以在城市地区或线上市场找到工作。这不仅有助于减轻家庭的经济负担，而且能提高她们的经济独立性。

（二）提高农村妇女在劳动市场上的竞争力

农村妇女如果拥有技能和专业知识，便能够争取更高薪的职位，实现职业生涯的持续发展。这不仅能改善她们的经济状况，而且能提高她们在劳动市场上的竞争力。

（三）改善家庭的经济状况

农村妇女通常依赖家庭的农业收入，但当她们能够在多个领域找到工作并

---

① 马克思、恩格斯：《马克思恩格斯选集》第 4 卷，人民出版社，2012，第 480 页。

获得相应的薪水时，就可以增加家庭收入，提高生活质量。这有助于减轻家庭的财务压力，改善家庭成员的生活条件。

（四）提高农村妇女的社会地位

当农村妇女拥有一定的职业技能后，她们不再仅仅被视为家庭的支持者，而是被认可为社会和经济的贡献者。这有助于改变人们对农村妇女的看法，促进性别平等观念的传播，提高农村妇女的社会地位。

（五）促进社区发展

农村妇女通过参与社区项目、文化活动和其他社交活动，可以为社区的全面发展作出贡献。例如，她们可以分享所学到的知识与技能，推动社区的经济、文化和社会进步。

二、开展多样性的培训项目

多样性的培训项目对于农村妇女的发展至关重要。这些培训项目应涉及不同的职业领域（如农业技术、手工艺和制造业、家政服务、数字技能、绿色和可持续技能等），以满足不同农村妇女的需求。

（一）农业技术领域的培训可以提高农村妇女的农业生产效率

农业技术领域的培训包括了解新的种植技术、农药的正确使用方法、灌溉方法等，有助于提高农产品的产量和质量。这对于依赖农业的农村妇女来说尤为重要，因为这可以提高她们的经济独立性。

（二）手工艺和制造业领域的培训可以为农村妇女提供就业和创业的机会

通过纺织、陶艺、制鞋等方面的培训，农村妇女能够制作各种产品并将其销售。这不仅有助于增加她们的经济收入，而且有助于提高她们的社会地位。

（三）家政服务领域的培训可以为农村妇女提供就业机会

家政服务领域的培训可以为农村妇女提供在城市就业的机会。家政服务领域的培训包括清洁、烹饪、照顾儿童和老人等。这些培训有助于农村妇女进入家政服务市场，改善她们的家庭经济状况。

（四）数字技能培训有助于农村妇女适应数字时代的工作市场

数字技能培训包括了解互联网的使用、电子商务平台的管理、社交媒体的营销等，有助于农村妇女在线销售农产品或手工艺品。

（五）绿色和可持续技能培训可以帮助农村妇女强化可持续发展理念

绿色和可持续发展技能培训包括太阳能技术、环境保护、可再生能源等方面的培训，可以为农村妇女提供更多的就业和创业机会，同时有助于促进农村社区的可持续发展。

综上所述，多样性的培训项目可以满足不同农村妇女的需求，帮助她们获得更多的就业机会，提高她们经济独立性，改善她们的家庭经济状况，提高她们的社会地位，促进社区的发展。

三、鼓励农村妇女参与社区建设和公共事务

鼓励农村妇女参与社区建设和公共事务是实现农村妇女解放和社会发展的重要一环。通过参与社区事务，农村妇女不仅可以发挥自身在社区中的作用，而且可以为社区的整体发展作出贡献。

（一）农村妇女的参与可以为社区发展带来不同的视角和经验

农村妇女参与社区建设和公共事务有助于更全面地解决社区面临的问题。她们可以提出与教育、医疗、儿童保育，以及与环境保护、食品安全等社会事务相关的多元化观点，有助于制定更全面和有效的政策及计划。

（二）鼓励农村妇女参与社区事务可以提高她们的社会地位和自信心

通过参与决策和领导社区项目，农村妇女可以建立自己的声誉，提升自身的领导能力。这有助于改变社会对农村妇女的看法，促进性别平等观念的传播。

（三）农村妇女的参与可以促进社区的发展，提高居民的生活质量

应鼓励农村妇女积极参与社区基础设施建设、医疗服务改善、教育项目

等。农村妇女的参与可以推动社区文化和艺术活动的发展，增强社区凝聚力。

鼓励农村妇女参与社区建设和公共事务对于促进社区发展、改善社会地位与实现性别平等至关重要。这种参与有助于农村妇女的解放和发展，同时为社区的整体繁荣与可持续发展提供有力支持。

四、加强对农村妇女领导力的培养

加强对农村妇女领导力的培养是实现农村妇女解放和社会发展的关键因素之一。通过培养农村妇女的领导力，可以使她们更好地参与社区事务和公共事务，并在决策过程中发挥更大的作用。

（一）开展领导力培训

开展农村妇女领导力培训课程，帮助她们掌握领导和管理技能。这些课程可以涉及团队建设、冲突解决、决策制定等方面的内容，以全面提高农村妇女在社区事务中的领导力。

（二）建立导师计划

建立导师计划，使有经验的女性领导者能够指导和支持新手农村妇女领导者。导师可以分享她们的知识和经验，并提供细致指导，帮助农村妇女更好地应对领导岗位上出现的挑战。

（三）领导社区项目

鼓励农村妇女领导社区项目，如基础设施建设、卫生保健改善、教育计划等方面的项目。通过参与这些项目，农村妇女可以锻炼领导技能，并提高自信心。

（四）提供领导岗位机会

为农村妇女提供担任社区领导岗位的机会，如社区委员会成员、村干部等。政府和社区组织可以采取积极的措施，确保农村妇女有机会竞选及担任这些职位。

（五）做好宣传教育

宣传成功的农村妇女领导者的故事，以鼓励其他农村妇女走上领导之路。

同时，要让决策者认识到提高农村妇女领导力的重要性，多措并举提高农村妇女的领导力。

五、建立妇女合作社和互助组织

建立妇女合作社和互助组织是促进农村妇女解放和社会发展的有效途径。这些组织可以提供资源支持、培训课程和合作机会，帮助农村妇女更好地参与社会经济活动，并提高她们的社会地位。

（一）经济合作社

经济合作社可以为农村妇女提供创业和经济独立的机会，如可以集中采购、生产、销售农产品，提高农村妇女的谈判能力和市场参与度。此外，经济合作社可以为农村妇女提供贷款和金融支持，方便她们创办并运营小微企业。

（二）农业合作组织

农村妇女可以组建农业合作组织，共同管理土地、种植作物、养殖家禽等。这种合作可以提高生产效率，提升农产品的质量和市场竞争力。此外，农业合作组织可以为农村妇女提供与农业培训和技能提升相关的资源。

（三）手工艺合作社

手工艺合作社可以帮助农村妇女开发和销售手工艺品，具体涉及编织、陶艺等方面。通过手工艺合作社，农村妇女可以共同制定产品标准，提高产品质量，并开拓更广泛的市场。

（四）互助组织

互助组织是小规模的社区组织，旨在帮助组织成员解决共同问题。这些组织可以提供社会支持、情感支持，实现资源共享。农村妇女可以加入互助组织，共同面对来自家庭和社会的挑战。

六、强化政策和法律支持

强化政策和法律支持是实现农村妇女解放和性别平等的关键步骤。为此，政府相关部门应采取措施，制定并执行有利于农村妇女权益的政策和法律。

农村妇女的社会作用潜力巨大，只有充分发挥她们的潜力，社会才能实现全面的发展和进步。通过综合实施上述策略和措施，可以不断激发农村妇女的社会作用，提高她们的人力资源质量，使她们更好地参与社会发展，为农村社区的繁荣和可持续发展作出更大的贡献。

第五节　从妇女同自然之间的联系探讨农村妇女对生态环境的促进作用

农村妇女在生态环境保护和农业可持续发展方面发挥着重要的作用，这体现了马克思主义妇女理论对人与自然关系的重视。

一、农村妇女在生态环境方面的促进作用

（一）农业生产

农村妇女可以倡导和实施生态农业实践，包括有机农业、农业多样性和农村生态旅游等。这些实践不仅有助于保护环境，而且提供了可持续的农业发展模式，为农村社区提供了经济机会。农村妇女进行生态友好型农业（如有机农业和农业多样化）实践，能减少化肥和农药的使用量，从而起到保护土壤和水资源、减轻农业对环境不利影响的作用。

一些农村妇女组织积极参与政策制定和倡导活动，争取让政府支持环保政策和项目。一些农村妇女积极参与农业创新和实验项目，探寻更有效的农业实践方法，如节水技术和耐旱作物培育。

农村妇女通常是农村家庭农业生产的关键参与者。她们负责农田管理、家禽养殖和农产品的加工，为家庭提供食物和经济支持。她们广泛参与农业生产的各个领域，包括种植、养殖和农产品加工等。在这个过程中，她们往往具有对生态环境的高度敏感性（因为农业的成功与自然资源的合理管理密切相关）。农村妇女通常具备传统农业知识，懂得如何保护土壤、水资源及保持生态系统的平衡，以确保农业发展的可持续性。

（二）自然资源管理

农村妇女在管理和保护自然资源方面扮演着重要角色。她们参与森林管

理、水资源管理和土地管理，有助于维持生态系统的平衡和可持续性。农村妇女通常负责家庭用水和灌溉农田，并参与灌溉系统的管理和改进，可以保护水资源，减少水资源浪费。农村妇女可以参与林木保护和再造林项目，通过种植树木和保护森林生态系统，缓解气候变化的不利影响，为提高环境质量贡献力量。

农村妇女在家庭庭院和小规模农业中扮演着关键角色。她们种植蔬菜、果树和中草药，不仅为家庭提供食物，还有助于维护生态多样性。通过使用有机种植方法和避免使用有害化学物质，她们能在保护生态系统健康的同时，提供健康的食品。农村妇女参与农业和农村经济活动有助于她们实现经济自立。例如，通过农产品的生产和销售，她们可以获得收入，提高生活质量。

（三）农村社区的环保活动

农村社区可以组织环保教育活动，宣传生态保护的重要性，并与当地居民一起开展植树、清理污染和水资源管理等工作。农村妇女的参与有助于提高居民对生态环境的认识，推动农村社区可持续发展。农村妇女经常参与社区和邻里活动，能建立互相支持的社会系统，有助于共同解决社会和家庭问题。

（四）文化传承

农村妇女通常是文化传承的重要承担者，她们可以传承有关自然和生态保护的知识及价值观，以帮助农村社区更好地与自然互动。一些农村妇女通过参与生态旅游和文化保护活动，展示本地的自然及文化遗产来吸引游客，从而提高农村社区的经济收入。

农村妇女对子女的教育和培养起着至关重要的作用。她们教育孩子尊重自然和保护环境，以及践行可持续的生活方式，并传承传统文化。

二、农村妇女实现可持续发展需要克服的困难

农村妇女在可持续发展领域面临一些挑战，包括教育和培训机会不足、土地权益问题、传统社会观念和刻板印象、资金和资源有限及农村流动性问题。

（一）教育和培训机会不足

农村妇女常常面临教育和培训机会不足问题。为了更好地参与农业生产和生态保护，她们需要获得相关的知识与技能。政府和非政府组织可以提供培训

机会，丰富她们的知识，提高她们的技能水平。

（二）土地权益问题

农村妇女在土地权益方面仍然面临挑战。有些地区关于土地的相关规定仍然偏向男性，限制了妇女在土地管理和农业决策中的参与度。为此，需要采取措施来保障和丰富农村妇女的土地权益。

（三）传统社会观念和刻板印象

在一些农村地区，传统社会观念和性别刻板印象依然存在，这限制了农村妇女在生产生活、管理决策中的参与度。为此，需要进行社会教育和宣传，改变这些刻板印象，在各方面实际工作中切实彰显性别平等观念。

（四）资金和资源有限

农村妇女通常面临资金和资源有限问题，这影响了她们参与农业创新和环保项目的积极性。提供金融支持和平等的资源分配有助于她们更好地参与农业创新等。

（五）农村流动性问题

一些农村妇女面临农村流动性问题，她们的丈夫或家庭成员外出务工，导致她们在农业和环保方面的参与受到限制，所以需要采取相应的措施来给予支持，如提供农村托儿服务。

三、实现农村妇女与自然和谐互动应采取的措施

为了更好地支持农村妇女参与生态环境保护和可持续农业发展，需要采取开展有针对性的培训、制定自然资源保护政策、创建妇女组织和合作社、保障妇女权益等措施。

（一）开展有针对性的培训

为农村妇女提供有关生态保护和农业可持续发展的培训，以增强她们的环保意识和技能。农村妇女的生态保护知识和经验应该被传承及分享，以便更多人受益，具体可以通过农村妇女之间进行经验交流、创建社区工作坊和农村学

校进行培训学习等方式来实现。

农村妇女传承着古老的农业知识和生态智慧。她们可以将这些知识传授给下一代，教育孩子遵循尊重自然、保障生态平衡和坚持可持续发展的原则。

政府和社会应开展有关生态保护和可持续发展的教育活动，增强农村妇女的生态意识，激发她们对自然的热爱和保护热情；应提供农村妇女所需的现代农业和环保技术支持，帮助她们更有效地管理土地和自然资源，减少对生态系统的不利影响。

（二）制定自然资源保护政策

政府应制定有利于农村妇女参与生态保护的政策，并将她们的需求和意见纳入生态环境政策的制定和实施中。制定政策和法规，鼓励农村妇女参与自然资源的保护和管理，并提供相应的支持与激励措施。支持农村妇女参与自然资源的管理和决策，确保她们的声音在环境政策制定中被充分听取。建立监测机制，追踪农村妇女在生态保护和农业可持续发展方面的付出及成效，以便为政策制定提供数据和信息支持。

（三）创建妇女组织和合作社

支持和鼓励农村妇女建立自己的组织和合作社，以集体参与的方式进行生态环境保护和农业生产。这样的组织可以实现资源共享和互助支持，促进农村妇女与社区其他成员的合作，共同参与生态保护项目，以产生更广泛的影响。政府、社会组织和企业可以在生态保护方面与农村妇女建立伙伴关系，共同推动可持续发展目标的实现。政府和社会可以认可及奖励那些在生态保护和可持续农业方面作出卓越贡献的农村妇女，以鼓励更多的妇女参与到生态环境保护中。

（四）保障妇女权益

一方面，要确保农村妇女在生态环境保护活动中享有平等的权益和机会，避免她们因性别而受到歧视，并为她们提供经济激励与奖励，促进其积极参与生态保护和可持续农业项目。另一方面，农村妇女应积极参与到争取社会权益的活动中，包括土地权益、教育和医疗等方面的活动。例如，她们可以通过社会联结和集体行动，争取改善农村社区的基础设施和服务。

第五章　乡村全面振兴视域下
为农村妇女发展赋能的路径思考

　　随着乡村振兴战略的深入推进，农村妇女这一特定群体及其在农村发展中的作用受到越来越多的关注。农村妇女不仅是农村生产和家庭的重要支撑，也是乡村文化和社会稳定的基石。然而，长时间以来，由于种种原因，她们的发展权利、地位和影响力受到了一定程度的制约。

　　在当前的历史背景下，为农村妇女赋能不仅是为了满足她们自身的发展需要，更是为了实现乡村全面振兴。得到乡村全面振兴视域下为农村妇女发展赋能这一问题的答案并不简单，但通过多方面的思考和策略，可以找到为农村妇女发展赋能的有效路径。

　　本章将从四个方面进行深入探讨：一是如何通过发展社会生产力来激活农村妇女在乡村振兴中的"她力量"；二是如何通过完善政策法规来确保农村妇女能充分发挥其在乡村振兴中的重要作用；三是如何推动农村的文化和风俗变革，从而实现农村妇女物质生活和精神生活共同富裕；四是如何提高农村妇女的个人综合素质，从而激发她们振兴乡村的内生动力。探讨这四个方面的策略不仅对农村妇女的发展至关重要，而且是实现乡村全面振兴的关键所在。

第一节　发展社会生产力，激活农村妇女
在乡村全面振兴中的"她力量"

　　在乡村全面振兴背景下，农村妇女的参与和作用愈发凸显。她们是农村社区中的关键一员，不仅承担着家庭劳动，还在农村经济和社会发展中发挥着不可替代的作用。为了实现乡村全面振兴，我们需要充分激活农村妇女的"她力

量"。

本节将深入讨论如何通过发展社会生产力，创造更多的经济机会，为农村妇女提供更多的支持和培训，以激发她们在乡村振兴中的积极性。我们要关注农村妇女参与农村产业、创业和农村经济发展的方式，以及如何通过政策和项目来激励她们。

农村妇女在农村社区中扮演着重要的角色，然而，家务劳动一直未能得到充分的社会化，这导致农村妇女在发展方面面临着许多挑战。为了优化农村妇女的发展条件，推进家务劳动的社会化进程至关重要。我们需要明确家务劳动社会化的概念。家务劳动社会化是指满足家庭成员共存、生活所必需的各项家务劳动逐步转化为社会组织提供的社会化服务的过程。这是社会化生产发展的必然趋势。实现家务劳动社会化对提高社会经济效益有十分重要的作用。在农村地区，将家务劳动转化为社会劳动，可以为农村妇女提供更多参与社会经济活动的机会。

进一步推动家务劳动社会化进程需要采取一系列措施，以确保其顺利实施。以下是一些关键举措。

一是提供法律和政策支持。政府应当制定并完善相关法律法规，明确家务劳动社会化的政策和目标。这些法律和政策应该包括家务劳动的社会认可、合理薪酬、工时和劳动条件等方面的规定，以保障农村妇女的权益。

二是开展教育和培训。农村妇女需要接受关于家务劳动社会化的教育培训，以了解其重要性及具体参与方式。培训内容可以包括家务劳动技能、家庭管理和农村产业发展等。

三是社区提供支持。农村社区应当提供相关支持服务（如托幼机构、家政服务、农村产业合作社等），以减轻农村妇女的家庭负担。农村社区可以创建家务劳动互助组织，帮助农村妇女分享家务劳动和资源，提高效率。

四是做好信息宣传。通过传统媒体、社交媒体和教育活动，宣传有关家务劳动社会化的信息，鼓励社会各界人士参与和支持。

五是建立合作与伙伴关系。政府、非政府组织和国际机构可以合作推动家务劳动社会化。建立伙伴关系，共同制定政策、项目和倡议，以实现家务劳动社会化的目标。

总之，推进家务劳动社会化进程是优化农村妇女发展条件的关键一环。不仅有助于减轻农村妇女的负担，还能激发她们的积极性，使她们更好地参与社会经济活动。这有助于提高农村妇女的自身价值感和社会地位，为乡村振兴战略的全面实施提供坚实的基础。

一、推进家务劳动社会化进程，优化农村妇女发展的条件

农村妇女往往承担了大量的家务劳动。家务劳动虽然重要，但在一定程度上是不被社会认知的，导致农村妇女长时间处于家庭之中，限制了她们参与外部活动的机会。

（一）推进家务劳动社会化进程是社会共同参与和分担的过程

推进家务劳动社会化进程意味着家务劳动不再只是农村妇女的职责，而是整个社会共同参与和分担的过程。

1. 公共服务设施的建设与优化

建立和完善托幼、老人照护和家政服务等方面的公共服务设施，减轻农村妇女的家务负担，使她们有更多时间和精力投入到其他生产性活动中。

2. 家务劳动专业化

鼓励和培训专业的家政人员，让家务劳动变成一种可以获得经济回报的职业。

3. 引入科技手段

利用科技（如家用机器人、智能家居等）辅助和简化家务劳动，使家务劳动更为高效。

4. 推动文化和教育发展

在教育和文化宣传中，强调家务劳动社会化，让全社会认识到家务劳动的重要性，同时鼓励男性更多地参与到家务劳动中，打破传统的性别职业角色划分。

（二）推进家务劳动社会化是推进乡村经济和社会进步的关键

推进家务劳动社会化，能使农村妇女从繁重的家务劳动中解脱出来，从而有更多的机会参与到社会生产中，充分发挥其在乡村全面振兴中的"她力量"。

这不仅是为了妇女自身的发展和权益，更是推进乡村经济和社会进步的关键。

1. 培育和发展家政服务产业

以市场为导向，鼓励民间投资和社会资本进入家政服务产业，提供专业、标准化的家务劳动服务。这样可以为农村妇女创造更多的就业机会。

2. 组建农村妇女家务劳动合作社

鼓励农村妇女组成家务劳动合作社，这样可以共同购买家务劳动工具和设备，从而提高劳动效率，降低劳动成本。

3. 政府提供支持与扶持

政府应提供相应的政策和资金支持，以促进家政服务产业的发展，包括为家政服务人员提供培训、技能认证，以及给予税收优惠等政策。

4. 加强社会宣传和推广

通过媒体和公共宣传平台，加强对家务劳动社会化、家政服务产业重要性的宣传，提高公众的认知度和接受度。

5. 与现代农业结合

在推进现代农业发展过程中，鼓励农村妇女参与到更多的农业相关行业（如农产品加工、直销等），找到除家务劳动之外的新增收渠道。

（三）重新认识和定位家务劳动的角色和价值

激活农村妇女在乡村全面振兴中的"她力量"，关键是打破传统思维，重新认识和定位家务劳动的角色和价值。只有这样，才能创造一个公平、平等、互助的社会环境，让农村妇女真正站在乡村发展的前沿，成为乡村全面振兴的重要推动力。

1. 构建互助网络与共享平台

在农村社区内部，建立一个互助网络或共享平台，可以有效地将家务劳动的需求和供应方的服务相连接。例如，一个家庭在某段时间内不需要使用大型的家务设备，可以将其分享给其他家庭使用；或者在特定的时段，多个家庭可以共同雇佣一名专业家政人员进行服务，以分摊成本。

2. 引入家政服务保险

与保险公司合作，为家政服务提供者推出家政保险。这样可以降低家政服务人员在工作中可能面临的风险，并给雇主带来更大的信心，从而促进家政服务业健康发展。

3. 开展农村妇女创业培训

为希望自主创业的农村妇女提供创业培训和指导，教授她们如何经营家政服务公司，如何将自家的特色产品和服务推向市场，等等。

4. 搭建电商平台并提供技术支持

利用科技的力量，为农村妇女搭建电商平台，让她们可以将自家的产品、家政服务等推向更广泛的市场。同时，提供相应的技术培训和支持，帮助她们更好地利用这些平台。

5. 加强与城市的连接和合作

鼓励城市的家政服务公司与农村的家政人员或机构建立合作关系，为城市家庭提供农村特色的家政服务，同时为农村妇女打开一个新的就业和发展的窗口。

6. 倡导公平支付与劳动权益保护

在推广家务劳动社会化过程中，要强调公平支付的重要性，确保农村妇女获得与其劳动相应的报酬。同时，加强对家政服务人员的劳动权益保护，为她们提供一个健康、安全的工作环境。

（四）营造有利于农村妇女发展的环境

农村妇女是乡村振兴的宝贵资源，她们的劳动和才智对于乡村的发展至关重要。因此，应当从多个角度出发，营造一个有利于农村妇女发展的环境，让她们真正发挥出"她力量"，为乡村全面振兴作出更大的贡献。

1. 儿童教育与育儿支援

在家务劳动中，育儿与儿童教育占据了农村妇女大量的时间和精力。因此，通过开设农村幼儿园、亲子中心等，可以有效减轻农村妇女的负担。这不仅为孩子提供了一个良好的成长环境，还为农村妇女提供了更多的自由时间，从而使她们有更多机会参与其他社会生产活动。

2. 提供农村社区便民服务

利用农村社区资源，设立便民服务点，提供缝纫、烹饪、清洁等服务。这既可以为妇女提供就近的工作机会，也可以进一步减轻家务劳动的负担。

3. 加强对农村妇女的技能培训

除了家政，还应加强对农村妇女的其他技能（如手工艺、农产品加工、电子商务运营等）的培训，让她们在多个领域都能有更好的发展机会。

4. 提供创新性金融产品和服务

与金融机构合作，为农村妇女提供特色的金融服务，如微额贷款、保险等，鼓励她们进行小规模的创业和投资。

5. 增设女性心理健康与成长中心

在乡村设立女性心理健康和成长中心，为农村妇女提供心理健康咨询、自我成长培训等服务。这既满足了她们在心灵层面的需求，也有助于提高她们的自我认知能力和自主能力。

6. 推广可持续家庭农场模式

鼓励农村妇女参与家庭农场的建设与管理，利用其对土地、农作物和家畜的深厚情感，推广生态、有机或特色农产品种植。

7. 构建农村妇女网络社群

利用现代通信技术，建立农村妇女的线上社群，为她们提供一个交流、学习和分享的平台，帮助她们扩大视野，获取更多的信息和资源。

为农村妇女赋能，除了将她们从繁重的家务劳动中解放出来，还需从更宏观的视角考虑如何更好地整合资源、提供支持，实现农村妇女在乡村振兴中的全面发展。

农村妇女不仅局限于家务和农场工作，还具有巨大的潜在创意和创新能力。通过开展农村艺术和手工艺项目，农村妇女可以将自己的创意转化为具体的产品，为当地文化发展注入新的活力。同样，与各类政府和非政府组织及企业合作，可以为农村妇女提供更多的市场机会。此外，农村妇女在社区决策中的作用也不容忽视。通过加强农村妇女的社区参与和领导培训，可以让她们在乡村治理和发展中发挥更重要的作用。

（五）组织生态保护和环境教育活动，提高农村妇女的环境意识和技能

农村妇女是环境保护和可持续发展的关键推动者。她们对土地、水资源和生态环境有着深厚的情感和独特的认知，这使得她们在生态农业、绿色生产和可持续家庭管理中具有无可比拟的优势。通过组织生态保护和环境教育活动，可以进一步强化农村妇女的环境意识和技能。

在乡村旅游日益兴盛的今天，农村妇女的角色也日趋重要。她们不仅可以作为当地优秀传统文化的传承者，而且可以为游客提供独特的乡村体验，如农家乐、传统手工艺展示、乡土菜肴烹饪等。这为农村妇女创造了新的收入来源，同时为乡村带来了可持续的经济发展机会。

农村妇女是自然资源的守护者。她们有关心和保护土地、植被、水源等自然资源的意识，这使得她们在生态保护、资源管理和可持续利用上具有独到的见解和实践经验。充分挖掘和发挥农村妇女在这些领域中的潜能和作用，可以对乡村振兴产生更为深远和持续的影响。

（六）农村妇女对家庭价值观和传统文化维护起传承作用

农村妇女对家庭价值观和传统文化维护有着较高的敏感性，能起到传承作用，这种深厚的家庭情感和乡土认同感使她们在乡村文化传承和保护中发挥着至关重要的作用。例如，通过她们口头讲述神话传说、民间故事、歌谣及祖传秘方等，可以深化乡村文化的内涵，丰富当地的文化底蕴。与此同时，农村妇女在村落中往往有着丰富的社交网络，这种社交网络可以在一定程度上助力乡村建设和互助合作，促进乡情村意的增强和社区凝聚力的提升。农村妇女的交际能力和社群影响力意味着她们在农产品的销售、推广和口碑建设中具有天然的优势。通过组织和参与各种乡村市集、交易会、手工艺品展示等活动，农村妇女可以有效地为当地产品和服务找到更广阔的市场。另外，农村妇女在家庭教育中也不可或缺。她们传授的正确价值观、人生哲学和做人原则，能为下一代的健康成长和乡村文化的传承奠定坚实的基础。

总的来说，农村妇女可以在乡村振兴过程中发挥重要的作用。为她们提供更多的资源、培训和机会，将不仅促进农村妇女自身的成长和发展，还会为农村社区整体发展带来长远的利益。

二、转变传统性别分工模式，优化农村妇女发展途径

随着时代的发展，传统性别分工模式在许多场合已不再适用，特别是在当今社会主张性别平等和文化发展多元化的背景下。在乡村振兴过程中，农村妇女的发展潜能在一定程度上受到传统性别分工模式的制约。因此，转变传统性别分工模式，可以释放农村妇女的能量，提升乡村振兴的质量。

（一）转变传统性别分工模式

1. 强化农村妇女教育

教育是打破对性别分工刻板印象的第一步。要为农村妇女提供更广泛的教育机会，不应局限于家务和农业技能，还应包括现代管理、科技知识、创新创业等。这样，农村妇女可以在更多领域发挥作用，突破传统性别分工的限制。

2. 强化性别平等意识

在农村企业中，提倡性别平等的雇佣和晋升机制，鼓励企业根据能力而非性别来选拔和培养人才。这不仅可以提高企业的整体效率，还可以为农村妇女提供更多的职业发展机会。对农村领导和决策者进行性别平等意识培训，使他们认识到性别平等的重要性，从而在决策和实践中更好地考虑到农村妇女的利益和需求。

3. 建立性别平等示范区

在某些农村地区，可以建立性别平等示范区，实行更为先进和平等的性别政策及实践。这些示范区可以作为成功案例，推广到更广泛的农村地区。

4. 促进农村妇女参与决策

确保农村妇女在乡村治理、项目决策和资源分配中有足够的代表性和话语权，这有助于乡村政策和项目更为公平、合理。

总的来说，转变传统性别分工模式并非一蹴而就，需要乡村政府、社区、企业和各种组织的共同努力。只有农村妇女真正获得平等的权利和机会，乡村振兴才能真正实现全面、均衡和可持续的发展。

（二）优化农村妇女发展途径

在现代化进程中，农村的结构和功能正在发生深刻变革，应不断优化农村妇女的发展途径。

1. 参与经济、社会和文化建设

许多农村妇女逐渐走出家庭，参与到乡村的经济、社会和文化建设中，这为性别角色的重新塑造提供了有利条件。鼓励和支持农村妇女参与农村公共事务管理、村企业运营及文化活动策划，可以进一步释放她们的潜能，推动乡村多元化、现代化发展。

2. 更新乡村传统文化中的性别观念

农村妇女不仅是家庭的支柱，还是农村社区的重要组成部分。通过各种形式的文化活动（如戏剧、电影、音乐会、讲座等），有利于传播性别平等的观念，打破传统的对性别分工的刻板印象，促进农村社区对妇女的重新认识和尊重。

3. 科技助推农村妇女发展

利用现代通信工具，农村妇女可以与外部世界进行更为广泛的交流，获取更多的信息和知识，从而打破地域限制，寻求更多的发展机会。例如，农村妇女可以通过网络平台销售自家产品，或者参与远程教育，提高自己的学历和技能。

4. 实现农村妇女的经济独立

为农村妇女提供贷款、技术培训和市场信息，帮助她们开创自己的事业，实现经济独立。这样，农村妇女不仅可以为家庭和社区带来更多的财富，而且可以提高自身的社会地位。

5. 重视农村妇女的心理健康和自尊心

组织各种心理健康讲座和活动，帮助农村妇女建立健康的心态，提高自尊心。这有助于她们更好地面对生活中的挑战，实现自己的价值。

6. 适应社会参与者、文化传承者和创新者的多重身份

农村妇女的身份和角色并不局限于生产劳动者或家庭主妇，而是具备社会参与者、文化传承者和创新者的多重身份。近年来，越来越多的农村妇女积极

参与到社区服务、环境保护和公益事业中，成为农村社区建设的积极力量。与此同时，她们在维护和传承乡村传统文化、手工艺和民间技艺方面也有着不可替代的作用。绣花、编织、陶艺等技艺，不仅是乡村文化的有形载体，更是乡村旅游和文化产业发展的重要资源。在这些方面，提供技术和市场支持，助力农村妇女将传统技艺转化为经济效益，有助于激发她们的创业热情，实现经济与文化双重增值。

7. 形成男女共同参与乡村振兴的良好氛围

在推动性别平等和农村妇女发展的过程中，男性的角色和责任同样不可忽视。开展性别平等教育，引导男性认识到性别平等的重要性，尊重与支持女性的权利和选择，可以进一步加强性别合作，形成男女共同参与乡村振兴的良好氛围。

8. 建立和完善妇女权益保障机制

建立和完善妇女权益保障机制是确保农村妇女得到公正对待的重要手段。例如，制定有针对性的法律法规，保障妇女在土地、产权、继承等方面的权利，以及在家庭和社会中的平等地位。同时，加大对家庭暴力、性骚扰和性别歧视等违法行为的查处力度，为农村妇女提供一个安全、公正的生活环境。

实践证明，性别平等不仅是农村妇女权益的需求，也是乡村振兴的必要条件。只有当乡村的所有成员都能够充分发挥自己的潜能，乡村振兴才能取得真正的成功。因此，深化农村性别改革，优化农村妇女发展条件，已经成为乡村振兴的重要任务和方向。

（三）全面激发农村妇女的潜能

农村妇女，这一特定的社会群体，长期以来在乡村社会结构中扮演着关键角色。她们在家庭、农业生产、教育孩子等方面的贡献，为乡村的可持续发展奠定了坚实基础。但与此同时，传统观念和性别角色的限制，使得农村妇女在许多领域中的发展受到了制约。因此，全面激发农村妇女的潜能，确保她们在乡村振兴中能够发挥更大的作用，成为当前的重要议题。

1. 加强对农村妇女的职业技能培训

让农村妇女掌握更多的技能（如现代农业技术、电商运营、手工艺制作等），不仅可以提高她们的劳动效率，也可以为她们开辟更多的就业和创业机会。这样的培训不仅是教授农村妇女技能的途径，更是提高她们自信心和自主意识的手段。

2. 提高农村妇女参与乡村治理的能力

农村妇女应该在乡村的决策、规划和管理中发挥更加重要的作用。为此，可以通过举办培训班、研讨会等形式，强化她们的政策意识，提高她们的公共事务管理能力。

3. 关注农村妇女的健康问题

为农村妇女提供更好的医疗资源、健康知识和心理支持，确保她们在乡村振兴过程中保持良好的身心状态。此外，应加强对农村妇女的法律保障，保证她们在家庭、社会和工作中的权益不受侵犯。

总的来说，农村妇女在乡村振兴中的作用不容忽视，只有确保她们全面发展，乡村振兴才能走得更远、更稳。因此，我们需要从各个方面出发，采取综合措施，为农村妇女营造一个更加公平、公正的有利于其发展的环境。

三、关爱帮扶特殊困难妇女群体

农村中的特殊困难妇女群体由于受到多重因素的制约，往往成为生活窘迫的高风险群体。针对这一特殊群体，我们必须采取有针对性的措施，确保她们得到有效的帮扶和关怀。

（一）针对特殊群体采取有针对性的措施

1. 提供技能培训和职业指导等服务

帮助特殊困难妇女找到适合的工作或创业机会。例如，通过设立职业培训班，教授她们手工制作、家政服务或农产品加工等技能，使她们在生产和劳动中找到新的价值及定位。同时，通过开展心理健康宣教和心理咨询服务，帮助她们树立自信，摆脱生活的困境和阴影。

2. 开展定期的探访和关怀活动

农村社区应当组织志愿者团队，开展定期的探访和关怀活动，确保特殊困难妇女群体在精神上得到足够的慰藉和支持。对于那些有意愿参与社区活动或公益事业的妇女，可以为她们提供平台和机会，让她们在社区中发挥更大的作用，从而提高自己的社会地位和自我价值。

值得注意的是，单纯的物质援助并不能从根本上解决问题，关键在于帮助她们实现自身的可持续发展。只有确保特殊困难妇女群体在经济、社会和心理上得到全面的支持与帮扶，才能真正实现她们的自主发展，使她们为乡村振兴贡献更大的力量。

（二）形成一个全方位、多维度的帮扶体系

对于特殊困难妇女群体，除了前述的各种帮扶措施，还需要从宏观层面和微观层面同时发力，形成一个全方位、多维度的帮扶体系。

1. 制定更为细致、具有针对性的帮扶政策

在政策层面，政府应该制定更为细致、具有针对性的帮扶政策，确保每个有需要的人都能得到帮助。这需要构建一个更加完善的信息反馈机制，及时掌握这些特殊困难妇女的具体情况和需求，以便为她们提供更为精准的帮助。

2. 鼓励企业和社会组织参与帮扶工作

利用企业和社会组织的资源与优势，为特殊困难妇女提供就业、培训和其他方面的支持。例如，可以与当地的农产品加工企业合作，为特殊困难妇女提供稳定的原料供应和产品销售渠道，帮助她们实现增收。此外，可以通过公益项目（如妇女微创业公益项目或妇女手工艺品公益项目等），为她们提供一个展示才华和技能的平台，帮助她们打开市场，获得更多的经济收益。

3. 加强法律教育和权益保护教育

在文化和教育方面，除了提供基础的技能培训，还应该加强对农村妇女的法律教育和权益保护教育，使她们清楚地知道自己的合法权益，以及如何维护自己的合法权益。通过组织各种形式的法律宣传和教育活动，增强她们的法律意识。这样，当她们遭遇不公正待遇时，能够通过法律手段维护自己的权益。

4. 提供医疗援助和教育

在健康和医疗方面，除了为特殊困难妇女提供必要的医疗援助，还应加强对她们的健康教育，教育她们如何预防疾病，如何保持身体健康，等等。此外，还可以通过与当地医院或医疗机构合作，为她们提供免费或低价的体检和健康咨询等服务，确保她们的身体健康得到有效保障。

5. 建立心理支持系统

对于特殊困难妇女群体，除了经济援助和职业培训，心理和社交支持也是不可忽视的方面。许多处于困境中的妇女可能长期面临心理压力和孤独感，导致其心理健康状况受到严重影响。因此，建立心理支持系统是十分必要的。为此，可以培训专业心理健康志愿者，为这些妇女提供免费的心理咨询和心理疏导。

对于特殊困难妇女群体的帮扶，不仅要解决她们目前的困难和问题，还要从长远的角度出发，帮助她们实现持续、健康的发展。

6. 提供交流互助的平台

应鼓励各乡村和社区建立互助小组或互助社，为特殊困难妇女提供一个可以交流、互助的平台。在这样的环境中，她们不仅可以互相鼓励和支持，还可以共同参与一些生产、学习与娱乐活动，从而缓解心理压力，增强归属感和自信心。

7. 利用在线平台提供培训和咨询服务

现代技术和网络的迅速发展，让利用在线平台为特殊困难妇女提供各种培训和咨询服务变得更为便捷。例如，开设在线课程教她们一些实用技能，或者通过视频会议为她们提供远程心理咨询。这不仅为她们节省了时间和费用，还为那些因各种原因不能外出的妇女提供了方便。

8. 提高特殊困难妇女的网络素养

教她们如何安全、有效地利用网络资源，避免受到网络诈骗的侵害。这不仅可以帮助她们更好地融入现代社会，还可以为她们开辟更多的发展机会。

9. 针对特别困难家庭给予更多的关心和援助

对于那些特别困难的家庭（如残疾人家庭、失独家庭等），应给予更多的关心和援助。除了物质援助，还应为她们提供法律、心理等方面的咨询服务，帮助她们解决实际问题，提高她们的生活质量和心理健康水平。

10. 与企业和社会组织合作

可以通过与企业合作，为特殊困难妇女提供一些适合的工作机会；或者与社会组织合作，组织各种公益活动，帮助她们融入社会，增强她们的社会参与感和归属感。

（三）儿童教育和托幼服务是重点帮扶领域

1. 建立免费或低价的幼儿园和学前教育机构

许多农村妇女因家庭困难而难以为子女提供良好的教育环境，此时，国家和社会的介入尤为关键。可以考虑在这些地区建立免费或低价的幼儿园和学前教育机构，确保这些孩子在学前期能够得到良好的教育和照顾，为他们日后的发展打下坚实基础。对于学龄儿童，除了基本的学校教育，还应提供课后辅导和兴趣班等服务，帮助他们提高学业成绩，发掘和培养他们的特长和兴趣。

2. 设立特别资助基金，提供定期的经济援助

为了进一步加强对这些特殊困难家庭的关心和支持，可以设立一个特别的资助基金，为这些家庭提供定期的经济援助。这些资金可以用于孩子的教育、家庭的生活费用，甚至用于支持家庭中的妇女创业或参加技能培训。

3. 组织文化和娱乐活动

文化和娱乐活动可以提高特殊困难妇女的生活质量。可以组织唱歌、舞蹈、手工艺制作等各种文化和娱乐活动，帮助她们释放压力，丰富生活，增强团队合作能力和社交能力。这些活动不仅能够带给她们乐趣，还能够为她们提供与外界交往和交流的机会，增强她们的社交意识和归属感。

4. 提供住房和基本生活设施

应为特殊困难家庭提供优惠的住房政策，或者为他们建设一些专门的保障房，确保他们能够住得安稳、舒适。同时，应加强这些小区的基础设施建设（如公园、文化活动中心、医疗机构等），确保她们的生活质量得到有效保障。

5. 改变观念，消除歧视和偏见

从长远的角度来看，要真正实现特殊困难妇女群体的全面发展，还需要改变人们的观念，消除对特殊困难妇女的歧视和偏见，鼓励她们勇敢地追求自己的梦想，实现自己的价值。这需要整个社会的共同努力和支持，让每个人都意识到支持和帮助这些妇女是促进整个社会和谐、进步的重要手段。

四、奠定健康发展基础，防止妇女因病致贫返贫

健康作为每个人的基本权利，对于农村妇女来说尤为关键。许多农村妇女由于受限于地域、经济和文化因素，常常在健康问题上面临更多的挑战。因此，确保农村妇女的健康，对于实现乡村全面振兴和妇女全面发展至关重要。

（一）健康教育和培训是预防疾病和提高农村妇女健康水平的关键

组织各种健康讲座、培训班和实地操作演示，教授农村妇女简单实用的家庭医疗技能与自我保健方法。例如，针对农村地区常见的季节性疾病，可以教授她们如何进行预防、自我诊断和初步处理，以及何时应寻求医疗帮助等。

（二）确保家庭成员的健康饮食至关重要

在食品安全方面，由于农村妇女通常是家庭的主要烹饪者，她们在食品的选择、储存和处理过程中扮演着关键角色。因此，普及食品安全知识（如如何选择新鲜食材、如何正确储存食物、如何避免食品中毒等），对于确保家庭成员的健康饮食至关重要。

（三）提供安全饮用水是提高农村妇女家庭健康状况的基石

农村地区由于条件受限，很多地方还存在用水不当、饮用水源污染等问题。提供清洁、安全的饮用水是提高农村妇女及其家庭成员健康状况的基石。针对这一问题，应普及简单的家用水处理方法和技术（如沉淀、过滤和消毒等），帮助她们获取健康饮用水。

（四）健康保险制度的完善是避免因病致贫的关键

虽然我国已经建立了较为完善的新型农村合作医疗制度，但是在一些地方尤其是偏远地区，存在保险覆盖率不足、报销比例低和手续烦琐等问题。为此，需要进一步完善医疗保险政策，提高保险报销比例，简化报销流程，确保每名农村妇女都能享受到实实在在的医疗保障。

（五）提供心理健康教育和咨询服务

在当前社会压力日增的背景下，农村妇女由于生活环境和经济状况的限

制，常常面临较大的心理压力和挑战。为此，应设立心理咨询热线和服务中心，为她们提供心理健康教育和咨询服务，帮助她们调适情绪，保持健康的心态。

（六）鼓励农村妇女参与体育锻炼和文化娱乐活动

组织各种体育比赛、健身操班和文艺演出等活动，既可以增强农村妇女的体质，又能丰富他们的精神生活，提高她们的生活质量，促进她们的身心健康。

（七）普及中医药知识，提供相关的培训和教育

中医药和民间疗法在农村地区有着悠久的历史和广泛的实践基础。很多农村地区尤其是偏远地区，由于地理位置和交通原因，现代医疗服务无法及时到达，因此，中医药和一些民间疗法在这些地方发挥了不可替代的作用。对于农村妇女，普及中医药知识，提供与种植中药材等相关的培训和教育，不仅可以帮助她们预防和治疗一些常见疾病，还能够为她们带来经济效益。

（八）环境卫生是决定健康的重要因素

农村的环境卫生问题（如生活垃圾处理不当、污水直排、卫生设施缺失等），会直接影响农村妇女及其家庭成员的健康。因此，加强农村环境卫生建设，推广垃圾分类、生物降解技术和雨水收集技术，可以有效改善农村的生活环境，预防各种由环境污染引起的疾病。

（九）注重饮食营养

一些农村妇女由于种种原因，往往忽视了饮食营养，这不仅影响到她们的健康，还可能影响到下一代的成长和发育。为此，针对农村妇女的特殊需求，应提供营养知识和饮食指导，帮助她们建立科学的饮食观念及习惯，确保每餐都能吃到营养均衡的食物。

（十）加强农村公共健康服务体系建设

设立卫生室、药房和健康服务站等，为农村妇女提供方便、快捷的医疗服务。同时，培训一批乡村医生和健康志愿者，让他们成为农村健康宣传及服务

的主力军，为农村妇女提供更加专业、细致的医疗和健康咨询服务。

（十一）利用现代通信技术为农村妇女提供医疗服务

鉴于一些农村地区医疗资源相对匮乏，可以利用现代通信技术，为农村妇女提供在线医疗咨询、疾病诊断和药物推荐等服务。这不仅可以节省农村妇女就医的时间和费用，还能让她们在家即可接受到城市级的医疗服务。

（十二）提供专门针对孕产妇和哺乳期妇女的健康服务和营养指导

提供专门针对孕产妇和哺乳期妇女的健康服务和营养指导，是确保孕产妇、儿童健康的关键。这包括定期的健康检查、疫苗接种、营养补充品发放等，确保每名农村妇女都能享受到科学、完善的孕产期保健服务。与此同时，鼓励农村妇女参与社区健康活动（如健康知识讲座、免费体检和疾病预防宣传等），可以强化她们的健康意识和自我保健能力。例如，组织糖尿病、高血压及其他慢性病的宣传和筛查活动，可以及时发现并治疗这些疾病，减少其对农村妇女健康的威胁。

（十三）组织关于农业生产物资的安全使用和储存培训

农村妇女在日常生活中经常接触农药、化肥等农业生产物资，这些物资使用或储存不当可能导致中毒事故和慢性健康问题。因此，组织农村妇女参与农业生产物资的安全使用和储存培训，是预防中毒和保障农村妇女健康的重要措施。

五、推进乡村绿色发展，引导农村妇女共建共享生态家园

推进乡村绿色发展，不仅与农村妇女的生活紧密相连，而且与经济发展密切相关。农村妇女与土地、水、空气等自然资源有着密不可分的关系，她们的生活、健康和福祉都与乡村的生态环境息息相关。因此，引导农村妇女共建共享生态家园，不仅是为了她们及其家庭的长远福祉，更是为了乡村的可持续发展。

（一）农村妇女成为乡村绿色转型的关键力量

1. 农村妇女可以成为绿色农业的积极推动者和实践者

乡村绿色发展意味着传统农业生产模式的转型。这要求农村妇女学习和掌

握绿色、有机农业的技术及方法（如生物防治、有机肥料的使用等）。这不仅可以提高农产品的质量和市场价值，还能降低对环境的污染。许多农村妇女在日常生活中使用的传统农业技术（如农作物的轮作、混种等），都是绿色农业的重要组成部分。这些技术对于保护土壤、保持生物多样性和减少农药的使用都有重要价值。通过培训与教育，农村妇女可以成为绿色农业的积极推动者和实践者。

农村妇女在农村社区的组织和沟通中起着不可替代的作用。她们可以组织各种形式的绿色农业培训与技能交流活动，如传统农业技术的传承、绿色农业的最佳实践分享、生态农业的创新技术展示等。这些活动不仅可以提高农村居民的绿色农业技术水平，而且可以增强农村社区的凝聚力和合作精神。

2. 农村妇女是乡村生态环境保护的关键力量

农村妇女在家庭和社区中的角色，使她们成为乡村生态环境保护的关键力量，以及乡村绿色发展的重要参与者和推动者。她们可以参与到垃圾分类、生活污水处理、雨水收集和使用等日常生活的环保活动中并形成习惯，进而影响家庭和社区的环保意识。组织农村妇女参与树木种植、湿地保护、野生动植物保护等生态保护项目，不仅能为乡村带来绿色和美丽，还能为自己和家庭创造经济收益。为此，政府和社会组织应加强对农村妇女的培训与教育，强化她们的生态环境保护意识和技能，让她们成为乡村绿色发展的主力军。

3. 乡村的生态旅游和农家乐等产业为农村妇女提供了新的经济发展机会

农村妇女可以利用当地的自然资源和文化传统，开展农家乐、民宿、手工艺品制作及销售等业务，吸引城市游客来乡村体验和消费。这不仅可以提高农村妇女的经济地位和收入，还能促进乡村文化的传承与发展。她们还可以利用自己在家庭和社区中的影响力，推动乡村生态旅游和绿色产业的发展。例如，她们可以利用家庭农场、农家乐、民宿等方式，为游客提供绿色、生态、有机的农产品和服务，将乡村的自然风光及传统文化与绿色经济相结合，为乡村带来新的发展机遇。

4. 农村妇女是生态农业的主要实践者

为进一步引导农村妇女参与乡村绿色发展，可推广与生态农业相关的技术和方法，如复合农业、循环农业和农林复合系统等。这些方法结合了现代科学技术与传统农业知识，可有效提高土地利用效率，减少化肥和农药的使用，保护土壤和水源，同时增加农民收入。农村妇女作为生态农业的主要实践者，可以通过这些方法获得更高的经济收入和生活质量，同时为乡村的绿色转型作出贡献。

5. 农村妇女是乡村生态文明建设的传播者和倡导者

通过组织各种形式的生态文明教育活动（如生态知识讲座、实地参观、绿色实践活动等），农村妇女可以将生态文明的理念传播到每个家庭和社区，形成农村居民共同参与、共同守护生态家园的良好氛围。农村妇女还应参与到乡村生态文化的保护和传承中，组织各种形式的乡村文化活动（如乡村手工艺品展览、传统节日庆典、乡村音乐和舞蹈表演等），弘扬乡村的生态和文化价值，提高乡村的品牌形象及知名度。

6. 进一步探索农村妇女参与生态保护的创新模式

例如，通过与企业、非政府组织合作，开展生态农产品的认证和销售，为农村妇女提供更多的市场机会；通过设立生态保护（如湿地保护、野生动植物保护、水源保护等）基金，鼓励和支持农村妇女开展生态恢复和保护项目；通过与科研机构合作，引入先进的生态保护技术和方法，为农村妇女提供技术支持及培训。

总之，农村妇女在乡村绿色发展中的作用不容忽视。只有充分发挥农村妇女的潜能和优势，加强对她们的培训与支持，才能确保乡村绿色发展的持续和健康，为全社会创造更多的绿色价值及福祉。

（二）农村妇女在乡村绿色发展中尚有许多未被充分发掘的潜力

1. 农村妇女有着关于乡土植物、传统农作物的丰富知识和经验

农村妇女有着关于乡土植物、传统农作物的丰富知识和经验，这些知识和经验可以为当地的生物多样性保护提供有力支撑。在日常生活中，很多传统的乡村生活方式和习惯（如手工编织、扎染、传统食品制作等），实际上都是绿色、环保、低碳的生活方式。这些传统技艺不仅可以为乡村的绿色发展提供创新思路，而且可以为农村妇女创造新的就业和创业机会。

2. 农村妇女对家庭和社区的感情深厚

农村妇女在农村社区中的地位和作用不可替代。因此，她们可以在推进乡村绿色发展的过程中发挥桥梁和纽带的作用，连接政府、企业、非政府组织和农村居民，助推形成共建共享、合作共赢的绿色发展伙伴关系。

3. 充分发挥农村妇女在乡村绿色发展中的作用

农村妇女在乡村绿色发展中的作用是多方面的，她们既是乡村绿色发展的实践者，也是乡村绿色发展的受益者。为了充分发挥农村妇女的作用，需要进一步加强对她们的培训和教育，提高她们的技术与管理能力，为她们创造更多的参与和发展机会。

4. 农村妇女利用知识技能为乡村绿色发展提供技术支持

农村妇女可以利用自己的知识和技能，为乡村的绿色发展提供有力的技术支持。例如，她们可以参与到生态农业、有机农业、循环农业的研究和实践中，为乡村的绿色转型提供科学依据和实践经验；她们还可以参与到乡村生态旅游、绿色产业、农村新能源等领域的研究和开发中，为乡村的绿色经济发展注入新的活力。

总的来说，农村妇女在乡村绿色发展中的作用是全方位的，她们不仅是绿色农业的实践者，还是乡村生态文化的传承者和乡村绿色经济的推动者。为了更好地发挥农村妇女的作用，需要进一步加强对她们的支持和培训，激发她们的创新能力和参与热情。

六、多措并举助力致富，推进农村妇女发展与乡村振兴有效衔接

多措并举助力致富，对农村妇女而言，不仅能够帮助其摆脱贫困，更能够为乡村振兴注入新的活力。近年来，随着政府对乡村振兴的持续投入和各种创新模式的不断涌现，农村妇女逐渐成为这场改革的主要受益者和积极参与者。

（一）农村妇女成为乡村振兴的主要受益者和积极参与者

1. 农村妇女在农村社会治理中具有不可替代的作用

农村妇女对家庭农场的管理和运营有着宝贵的经验。随着家庭农场的现代

化和规模化，她们可以利用这些经验，发展多种业态（如有机农业、农家乐、农村民宿等），提供多元化的产品和服务，满足市场的多样化需求。这不仅可以提高农产品的附加值，还可以为乡村带来更多的游客和投资。农村妇女对当地的文化、风俗、习惯都有深入的了解，可以在农村的社区建设、矛盾调解、公共服务等方面发挥重要作用。在一些农村地区，农村妇女组建了志愿者团队，并参与到村庄的公益活动中，为乡村的和谐稳定作出了贡献。

2. 农村妇女能开发和推广新的农产品和服务

农村妇女可以通过参与农民专业合作社等组织形式，共同开发及推广新的农产品和服务。这样，她们可以集中资源，形成规模效应，降低生产和营销的成本，提高竞争力。同时，农民专业合作社可以为农村妇女提供技术培训、市场信息、金融服务等支持，帮助她们更好地参与到乡村振兴的过程中。农村妇女可以利用自己的手工艺技能，发展乡村工艺品、特色食品等产业。这些产业不仅可以为乡村创造新的经济增长点，而且可以保护和传承乡村传统文化，提升乡村的品牌形象和知名度。

持续的政策支持和培训机会是确保农村妇女能够充分发挥其潜能的关键。各级政府和社会组织应重视农村妇女的发展，为她们提供更多的机会和资源，帮助她们在乡村振兴中发挥出应有的作用。

农村妇女创业也是乡村振兴中的重要一环。通过培训和技术指导，农村妇女可以进入到更高附加值的产业中，如生物农业、有机农业和绿色食品加工等。与此同时，金融机构可以为她们提供更多的贷款和信贷支持，降低她们的创业门槛，帮助她们在市场经济中立足。农村妇女还可以通过淘宝等电子商务平台，将自己生产的产品推向全国乃至全球市场。这样不仅可以扩大销售、提高收入，还可以加强与外部市场的联系，引进更多的先进技术和管理经验。

3. 新兴产业为乡村的经济发展注入新的活力

农村的自然风景和丰富的文化遗产为乡村旅游提供了天然的条件。农村妇女可以充分利用自己的独特优势（如烹饪、编织、刺绣等手工技艺），将这些传统文化转化为旅游产品，吸引外地游客。这不仅可以带动当地经济，还有助于传承和发扬传统文化。

在对接城市资源方面，农村妇女扮演着至关重要的角色。许多城市企业和组织都希望与农村合作，以开发乡村旅游、绿色农产品等项目。农村妇女可以作为桥梁，与这些城市合作伙伴建立联系，为农村带来更多的外部资源和发展机会。

在日常生活中，农村妇女展现了卓越的组织能力和危机处理技巧，这使她们成为农村经济和社会发展中不可或缺的力量。对于乡村农产品（如果蔬、畜产品等），农村妇女往往具备传统的加工技能和独特的配方，这为农村产品提供了附加值。例如，农村妇女可以将传统的果酱、腊肉等制品通过现代化的包装和宣传方式，销售到城市和其他地区，为乡村经济开辟新的收入来源。

4. 农村妇女在文化和艺术创作中具有巨大潜力

许多农村地区都拥有独特的艺术传统和文化遗产，如地方戏曲、民间舞蹈、歌谣和故事等。农村妇女作为这些传统文化的承载者和传播者，将这些传统艺术转化为现代文化产品，为外界提供新的感受和体验。例如，将传统的手工艺制品设计成现代家居用品，或者将传统的食谱改良成现代口味的美食，这都为农村妇女提供了新的经济增长点。

农村妇女还可以参与到乡村旅游、生态农业、新能源等新兴产业中，为乡村的经济发展注入新的活力。这些产业不仅有着广阔的市场前景，还与乡村的生态、文化、资源等条件相契合，为农村妇女提供了更多的就业和创业机会。

（二）推进农村妇女发展与乡村振兴有效衔接

农村妇女在乡村振兴中的作用是不可替代的。为了更好地发挥她们的作用，需要进一步加强对她们的培训和支持，激发她们的创新能力和参与热情，推进农村妇女发展与乡村振兴有效衔接。

1. 鼓励农村妇女参与多领域工作，为乡村振兴带来新气象

农村妇女在农业生产、加工、销售等环节都有着丰富的实践经验，这为她们在新的产业链中找到自己的位置奠定了基础。例如，许多农村妇女在家庭农场中尝试种植特色农产品，再通过电商平台进行销售，这不仅增加了其家庭收入，同时为农村经济注入了新的活力。

在农业生产中，农村妇女同样起着关键作用。她们不仅参与传统农业生产，还在新型农业模式（如生态农业、有机农业）中发挥着重要作用。通过培训和学习，农村妇女可以掌握现代农业技术（如滴灌、生物肥料等），提高农业生产的效率和农作物品质。

农村妇女在农村金融、农村电商、农村旅游等新兴领域中发挥着积极作用。通过参与这些新兴领域，农村妇女不仅可以为家庭带来额外的收入，而且可以为乡村的整体发展提供新的动力。例如，农村妇女可以成立合作社或企业，与城市和外地的消费者建立直接联系，提供农产品或服务。

2. 农村妇女在农村建设中发挥着不可或缺的作用

农村妇女作为桥梁，联络乡亲、沟通信息、组织活动，为农村社区的和谐稳定作出了重要贡献。与此同时，她们的参与促进了乡村文化的传承和发展，为乡村注入了新的文化内涵。随着农村的现代化发展，更多的农村妇女走出家门，参与到村庄的治理和公共事务中。她们可以通过参与村委会、妇联和其他社会组织，为村庄的决策提供女性的视角，保障女性的权益。同时，农村妇女在家庭教育、社区活动、公共卫生等方面发挥了重要作用，为乡村的和谐发展作出了贡献。

农村妇女的组织和协调能力在乡村集体经济发展中得到体现。她们通过合作社或者互助团体进行集体生产和销售，这样可以降低单一家庭的风险，提高整体的经济效益。这种模式在一些地区已经取得了显著成效，为乡村带来了稳定且可持续的经济收入。

为了确保农村妇女的作用得到充分发挥，还需要加强基础设施建设和公共服务。例如，提供更加便捷的交通工具，使农村妇女可以更方便地进入市场和接触信息；建设更加完善的医疗和教育设施，确保农村妇女及其家庭成员能够享受到基本的公共服务。

3. 科技的发展为农村妇女提供更多的发展机会

随着科技的发展，数字技术、互联网工具等为农村妇女提供更多的发展机会。她们可以通过在线学习丰富自己的知识和技能，或者利用电商平台开展业务，这打开了她们走向更广阔市场的大门。

科技在推动农村妇女发展中也起着至关重要的作用。随着5G、物联网、大数据等技术的广泛应用，农村地区的通信技术得到迅速提升。这为农村妇女提供了更多的机会，如通过在线教育提升技能，通过互联网进行远程医疗咨询，通过数字平台进行商品销售，等等。科技还可以帮助农村妇女更好地管理家庭和农业生产，提高劳动效率，增加收益。

第二节　完善政策法规，发挥农村妇女在乡村全面振兴中的重要作用

在乡村全面振兴的背景下，农村妇女作为重要的人力资源，其作用不容忽视。事实上，农村妇女在生产、家庭、教育、社区建设等多个方面都有着不可替代的重要位置。然而，要充分挖掘农村妇女的潜力，不仅需要提供技术、资金、培训等实质性支持，而且需要有完善的政策和法规。一个健全的政策和法规体系可以为农村妇女提供清晰的权益保障，为她们的努力提供法律支撑，并为乡村振兴中的各种活动提供统一、科学的指导方向。

本节主要讨论如何完善政策法规，以更好地发挥农村妇女在乡村振兴中的重要作用。这涉及为农村妇女提供政策支持，确保她们的权益得到制度化保障，以及如何在国家的乡村振兴法律政策规划中体现妇女和妇联组织的作用。

一、为引导农村妇女参加社会生产提供政策支持

（一）提供政策支持是乡村振兴战略的重要环节

1. 通过政策措施为农村妇女营造有利的社会环境

政府需要认识到，农村妇女不仅是家庭的支柱，更是农村经济发展的重要力量。因此，必须通过具体的政策措施，为农村妇女营造一个公平开放且有利于其展示才能的社会环境。例如，可以考虑为农村妇女提供创业贷款和税收减免，以鼓励她们创办小微企业或家庭手工业；同时，通过各种培训项目（如职业技能培训、农业技术培训等），提升农村妇女的生产能力和市场竞争力。

2. 加强对农村妇女的法律教育

加强对农村妇女的法律教育，使她们清楚地了解自己的权益，并敢于维权。同时，通过媒体和宣传活动，不断提高社会对农村妇女参与社会生产的认识和支持。例如，可以通过各种方式，展示农村妇女在农业生产、乡村旅游、农村电商等领域的成功案例，为更多农村妇女提供参考和鼓励。

3. 建立与农村妇女相关的产业链

建立与农村妇女相关的产业链，使她们的产品和服务更容易进入市场。例

如，鼓励城市消费者购买农村妇女生产的绿色、有机食品，或者通过乡村旅游，体验农村妇女提供的农家乐服务。这样不仅可以增加农村妇女的经济收入，而且可以推动乡村经济的可持续发展。

总的来说，为引导农村妇女参加社会生产提供政策支持，不仅是为了保障农村妇女的权益，而且是为了发挥她们在乡村振兴中的重要作用，为乡村经济的长远发展注入新的活力和创造力。

（二）从基础设施、教育资源、科技应用等方面为农村妇女铺路

为实现政策支持的实质性效果，除了经济援助和法律教育，还需要从基础设施、教育资源、科技应用等方面为农村妇女铺路。

1. 加强农村互联网建设

互联网可以帮助农村妇女更容易接触到外部市场信息，拓展销售渠道，掌握新技术，同时为她们提供线上学习、交流的平台。

2. 加强农村基础教育资源配置

确保农村女性受教育的权利，有助于从根本上改变农村妇女的发展环境。经过系统的教育，她们可能会为乡村振兴带来新的思维和方法。通过与高校、研究机构的合作，可以为农村妇女提供技术研发、市场分析、品牌建设等方面的专业指导。鼓励农村妇女参与决策，使她们在乡村建设中拥有更多的话语权。这不仅有助于提高政策执行的针对性和有效性，也有助于增强农村妇女的自我认同和归属感。

3. 与各大企业合作

鼓励各大企业在乡村设立工厂或分公司，提供就业机会。这样，农村妇女可以在家附近找到稳定的工作，解决因工作而离家的问题，使得她们更容易平衡工作与家庭的关系。而对于那些有创业意向的农村妇女，国家和地方政府应提供一系列的指导服务（如创业培训、市场调查、资金援助等），确保她们在创业初期就能获得足够的支持和资源。

政策支持的真正目的不仅是提供物质援助，更重要的是为农村妇女营造一个良好的外部环境，帮助她们克服各种困难，充分发挥自己的能力，为乡村振兴作出更大的贡献。

（三）政策要基于农村妇女的真实需求和期望

政策的制定与实施，必须基于农村妇女的真实需求和期望，而不是简单地复制城市或其他地区的经验。对农村妇女的需求调查和意愿了解，是政策制定的关键步骤。只有深入了解她们的日常生活、工作、学习和娱乐需求，以及她们对未来的愿景和期待，才能制定出真正切合实际、能够带来实际效果的政策。

1. 政策制定应考虑多部门、多层次的协同合作

为了更好地满足农村妇女的多元化需求，政策制定应考虑多部门、多层次的协同合作。例如，教育部门可以为农村妇女提供特定的培训和教育项目；卫生部门可以针对她们的特定健康需求提供医疗服务；经济部门可以提供一系列的贷款和财政支持，帮助她们开展经营活动或打造更高附加值的产业链。

2. 为政策制定提供更加准确的数据支持

利用现代科技手段（如移动互联网、大数据等），可以更有效地收集农村妇女的需求信息，为政策制定提供更加准确的数据支持。例如，通过在线调查、移动应用等方式，可以更方便地了解农村妇女的需求和反馈，确保政策制定更加民主、透明。

3. 农村妇女是政策制定和实施的关键参与者

农村妇女不仅是政策的受益者，更是政策的实施者。鼓励她们参与政策的制定和实施，不仅可以提高政策的适应性和有效性，而且可以增强农村妇女的自主权和决策能力。

（四）在全球化和信息化背景下，为农村妇女提供政策支持

在全球化和信息化背景下，农村妇女与外部社会的联系日益加强，她们的思维也更加开放和进取。

1. 将国际经验与本国实情相结合

为农村妇女提供政策支持时，要注重考虑引入国际在农村妇女发展方面的成功经验和案例，并结合中国的实际情况进行本土化改造和应用。

2. 运用各种现代传播手段

为了保证政策能够真正落地生效，需要注重政策的宣传和普及。可以考虑运用各种现代传播方式（如社交媒体、电视广播、乡村巡回演出等），将政策内容传递给农村妇女，使其不仅了解政策的内容，而且能够明白政策背后的意义，进而更加主动地参与和支持政策的实施。

3. 与民间组织和企业合作

许多非政府组织和企业都在农村妇女发展方面有着丰富的经验和资源。政府可以与这些组织和企业建立合作关系，共同推动政策的实施。例如，可以与某些企业合作，为农村妇女提供技能培训或创业指导，帮助她们更好地适应市场需求，提高自己的竞争力。

4. 关注政策效果，及时调整和完善政策

在政策制定和实施过程中，需持续关注政策效果，并及时对政策进行调整及完善。可以考虑定期进行政策效果评估，收集各方的反馈，确保政策能够真正地为农村妇女带来实际的利益。这不仅是政策成功的关键，而且是对农村妇女的责任和承诺。

5. 为政策的制定提供新的思路

对于农村妇女来说，融入社会生产不仅仅是经济独立的手段，更是个人价值的体现和自我实现的途径。因此，政策在促进农村妇女参与社会生产时，应考虑到其多重需求，同时为她们提供一个公平、公正、有尊严的工作环境。如今，随着科技的快速进步，许多传统的农业劳动已经变得机械化、自动化，这为农村妇女提供更多的选择机会，也为政策的制定提供新的思路。

6. 组织开展培训

利用现代技术手段为农村妇女提供在线培训机会，帮助她们掌握新的技能和知识，增强其在现代社会中的竞争力。鼓励企业和社区建立合作关系，为农村妇女提供灵活的工作机会，如家庭手工业、农产品深加工等。这不仅能够增加她们的收入，还能够为当地社区带来经济效益。

7. 为农村妇女提供创业支持

可以设立专门的农村妇女创业基金，为她们提供初始资金、市场信息、技

术指导等服务，帮助她们打破传统的性别桎梏，成为新时代的乡村女性创业者。这样，不仅能够促进乡村经济的发展，还能够提升农村妇女的社会地位和自我价值。

（五）持续完善与农村妇女相关的政策

通过持续不断地完善与农村妇女相关的政策，可以让农村妇女从传统的角色中跳出来，更好地参与到社会生产中。

1. 开展一系列培训项目和活动

政府和相关部门可以考虑与各大企业、教育机构和非政府组织合作，开展一系列培训项目和活动，以提高农村妇女的综合素质与技能。

2. 鼓励农村妇女走出农村去学习

鼓励农村妇女走出农村，赴城市或其他地区进修学习。例如，可设立奖学金或资助计划，帮助她们接受高等教育或专业培训。这不仅能丰富她们的知识储备，而且能让她们学习到先进的经营管理知识，为回乡发展奠定坚实的基础。

3. 提供专门的市场分析和咨询服务

帮助农村妇女准确把握市场动态，找准经营切入点。例如，根据市场需求，开展有针对性的农产品深加工、农村旅游、手工艺品制作等项目，既能够帮助农村妇女创造更高的经济价值，也有助于提升乡村的文化和品牌形象。

4. 加大对农村妇女创业的金融支持

可通过提供低息贷款、减免税费、提供创业培训等来降低农村妇女创业的门槛和风险，同时引导与激励她们走向更宽广的发展道路。

在整体政策设计中，应始终坚持以人为本的原则，尊重和关注农村妇女的实际需求和愿望，确保政策的实施能够真正帮助她们摆脱困境，走向自主独立。这不仅是社会公平正义的体现，也是乡村振兴战略成功的关键。

二、为促进农村妇女权益落地落实提供制度保障

（一）提供确保农村妇女权益实施的制度保障

制度保障是确保农村妇女权益得到真正实施的关键，而这种保障的建立和

完善需深入到各个层面。

1. 明确法律责任

应确立农村妇女权益保护的基本原则，明确各种侵权行为的法律责任，为农村妇女提供司法途径，使她们在权益受损时能够及时获得法律救济。此外，要制定专项法规或政策，明确规定农村妇女在社会生产、文化教育、健康医疗等方面的权利。

2. 加大执法力度

对农村地区进行常规性的执法检查，加大对侵犯妇女权益行为的处罚力度，并建立专门的妇女权益保护机构或热线，为妇女提供权益咨询和法律援助服务。

3. 提供制度培训

可以通过各种形式的宣传、培训、讲座等来普及法律知识，提高农村妇女的法律素养，使她们了解自己的权益，学会维权，增强自我保护意识。

4. 为农村妇女权益保护提供技术、资金和其他支持

与各社会组织、企事业单位及国际组织合作，共同为农村妇女权益保护提供技术、资金和其他支持。特别是在涉及农村妇女的项目或政策制定中，应广泛征求农村妇女的意见和建议，确保政策真正贴近她们的需求，从而推动农村妇女权益真正落地实施。

5. 强化社会监督机制

鼓励媒体、民间组织和广大公众参与农村妇女权益保护，确保每项政策和法律都能真正落到实处，为农村妇女的全面发展提供坚实的制度保障。

6. 形成全社会共同参与的保障机制

需要充分调动各级政府、妇联组织、乡村自治组织和其他相关部门的积极性，形成全社会共同参与的保障机制。在此基础上，根据农村妇女的实际需求和当地的实际情况，制定具体、可操作的保障措施，确保政策的落实与执行不流于形式，而是真正产生实效。

7. 提供及时的法律咨询和帮助

要求法律工作者和社会服务者要深入农村，了解妇女的实际需求，提供及时的法律咨询和帮助。可以考虑建立法律援助基金，专门用于支持农村妇女的法律需求，包括为她们提供免费或低成本的法律服务，以及在必要时为她们提供法律代表。

8. 制度保障要与时俱进

随着社会的发展和变化，农村妇女的权益也会发生变化。因此，对于相关法规政策应定期进行评估和修订，确保其始终与实际需求相匹配，真正为农村妇女的发展提供坚强的后盾。

总之，农村妇女作为乡村振兴的重要力量，其权益的保障不仅是社会的责任，也是乡村振兴的必要条件。只有确保她们的权益得到充分的保护，才能充分发挥她们的潜力和作用，从而为乡村振兴注入更强的动力。

（二）确保农村妇女权益的制度保障细化到各个领域

1. 加强对农村妇女各类权益的保护

在农村土地制度中，要确保农村妇女的土地承包权等权益得到实质性保障，防止在实践中出现农村妇女土地权益被侵害的现象。对于农村劳动市场，要加强对农村妇女从业权益的保护，为她们提供更多、更好的就业机会，保证她们在就业、工资、晋升等方面不受性别歧视。

2. 完善农村金融体系

建议银行和其他金融机构为农村妇女提供更为友善的贷款条件和金融产品，助力她们扩大生产、创业发展。同时，加大对农村妇女的金融教育力度，帮助她们学习金融知识，提高管理能力，避免她们因缺乏金融知识而遭受经济损失。

3. 强化教育

应加强对农村妇女的继续教育，特别是对中青年农村妇女的职业技能培训，使她们能够适应经济社会发展的需要，提高自身竞争力。同样，对于农村留守妇女及其子女，应提供更多的教育资源和支持，帮助她们更好地适应社会变迁，确保其不因教育资源匮乏而失去发展机会。

4. 重视国际合作与交流

在全球化背景下，农村妇女与外界的联系和交往也更为紧密，因此，国际合作与交流不容忽视。可以鼓励农村妇女参与国际合作项目，与其他国家的妇女组织建立合作与交流机制，共同探索农村妇女发展的新路径和机会。

（三）多维度深化改革，保障农村妇女权益制度落地

为了进一步保障农村妇女权益制度落地，应多维度深化改革，包括但不限于为农村妇女提供更加透明和高效的法律服务。

1. 设立法律援助服务中心

在一些农村地区，由于信息不对称和法律意识薄弱，一些妇女往往不清楚自己的合法权益，更难以依法维权。因此，应设立法律援助服务中心，专门为农村妇女提供法律咨询、法律援助等服务，确保她们在权益受到侵犯时，能够及时得到法律支持。

2. 完善农村妇女的社保制度

近年来，虽然我国的社保制度得到了一定的完善，但在一些农村地区特别是一些偏远地区，很多妇女的社保待遇与城市地区存在一定差距。因此，需要逐步消除这种差距，确保农村妇女能够享受到同等的社保待遇，特别是在医疗、养老、失业等方面。

3. 鼓励企业和社会组织参与农村妇女权益保障工作

可以通过税收优惠、资金补助等方式，鼓励企业为农村妇女提供更多的就业机会和培训机会，帮助她们提高自身的职业技能和竞争力。此外，可以通过各种形式（如公益广告、宣传活动等），加强对农村妇女权益保护的社会宣传，提高全社会对农村妇女权益保护的重视度和参与度。

4. 建立农村妇女权益保障长效机制

需要建立一套完善的监测评估机制，对农村妇女权益保障工作进行定期检查和评估，及时发现和纠正工作中的问题和不足，确保农村妇女权益保障制度能够真正落到实处，为农村妇女提供持续、稳定、全面的权益保障。

（四）结合地方特色和实际情况进行具体操作与实践

农村妇女作为农村社区的重要组成部分，她们的权益与农村社区的和谐稳定息息相关。然而，受传统观念和文化的制约，农村妇女的权益在某些情况下可能被忽视或侵犯。因此，为了确保农村妇女的权益得到有效保障，除了建立健全的法律制度，还需要结合地方特色和实际情况进行具体操作与实践。

1. 增强农村妇女的法律意识是保障她们权益的前提

通过各种途径（如电视、广播、互联网等）来开展法律知识宣传教育活动，让农村妇女知道自己的权益及如何维权。此外，定期组织法律培训班，培训农村妇女代表，让她们成为乡村法律宣传的先锋。

2. 推进农村基层治理现代化，确保农村妇女权益得到有效保障

加强农村社区的组织建设，设置专门的妇女权益保障机构或窗口，为农村妇女提供咨询、调解、援助等服务。同时，利用现代科技手段，如建立妇女权益保障信息平台，使农村妇女容易获取相关信息和服务。

3. 与社会各界合作，共同推进农村妇女权益保障工作

与各大企事业单位、社会组织等建立合作机制，共同研究和探讨农村妇女权益保障的方法和策略，为农村妇女提供更加全面及深入的服务与支持。

4. 根据农村妇女的实际需要和特点，设计、实施有针对性的权益保障项目

为农村妇女提供特色培训课程（如家政、农业技术、手工艺等），帮助她们提高自身的技能，增加收入。此外，开展农村妇女健康教育活动，增强她们的健康意识。

5. 结合地方实际，制定和实施具体有效的策略与措施

为确保农村妇女权益得到真正保障，需要综合运用法律、政策、经济、文化等多种手段，并结合地方实际，制定和实施具体有效的策略与措施。只有这样，才能真正发挥农村妇女在乡村振兴中的重要作用，推动乡村振兴的全面发展。

6. 考虑制度的可操作性和执行的有效性

农村妇女权益的落地落实，关键在于制度执行的严格性及相关政策的普及性。在制度设计上，要考虑制度的可操作性和执行的有效性。这需要政府与各级妇女组织、社会团体紧密合作，确保制度的制定与执行既有力度又有温度。

7. 了解农村妇女在生产生活中的实际需求

为确保权益真正得到保障，实地考察和调查研究是必不可少的步骤。通过深入基层，了解农村妇女在生产、生活中的实际需求，可以制定切合实际、有针对性的制度。

8. 制定公开、公正、公平的评审机制

在权益保障的实施过程中，透明度与公正性也至关重要。制定一个公开、公正、公平的评审机制，对于那些作出突出贡献或在权益保障中发挥重要作用的农村妇女，应当给予表彰和奖励。同时，对于那些侵犯农村妇女权益的行为，不仅要给予法律上的惩罚，还要进行社会公示，形成压倒性的舆论监督。

9. 加强对农村妇女权益保障的宣传教育

通过多种渠道（如农村广播、乡村晚会、壁报等），传播权益保障的相关知识，增强农村妇女自身的维权意识。此外，可以邀请法律专家和心理咨询师，为农村妇女提供法律咨询和心理疏导服务，让她们在权益受损时，能够更加冷静、理性地维护自己的权益。

10. 鼓励农村社区、企业和社会组织共同参与

多方共同努力，不仅能为农村妇女权益保障提供强有力的支持，也能为权益落地落实提供有效的途径。只有当社会各界都认识到保障农村妇女权益的重要性，才能真正形成一个妇女权益得到普遍尊重和维护的良好氛围。

三、将发挥妇女和妇联组织作用纳入国家乡村振兴的法律政策规划

将发挥农村妇女和妇联组织作用纳入国家乡村振兴的法律政策规划，不仅彰显了对农村妇女在乡村振兴中不可或缺地位的重视，而且体现了国家对妇女权益保障和发展的全面考虑。

（一）将发挥妇女作用纳入国家乡村振兴的法律政策规划

农村妇女是乡村振兴中的主要力量之一，她们的发展与乡村振兴的实现是密不可分的。

1. 调动农村妇女的积极性

妇女作为农村的重要劳动力，长期以来在农业生产、家庭照料、社会服务等方面发挥着不可替代的作用。通过法律政策，确保农村妇女在乡村振兴中的权益，可以进一步调动她们的积极性，使她们成为乡村振兴的主动参与者和受益者。

2. 利用现代技术为农村妇女提供各种培训

对于一些农村妇女来说，受教育的机会相对有限。但在技术日益发展的今天，远程教育和在线培训成为了突破地域限制的有效手段。国家可以通过与妇联组织合作，利用现代技术为农村妇女提供电子商务、家庭农场经营等各种培训，帮助她们提高技能，适应现代社会的发展。农村妇女在家庭中的角色不仅是劳动者，还是教育下一代的关键人物。国家可以与妇联组织合作，开展关于家庭教育和亲子关系的培训，帮助农村妇女树立正确的家庭观念，为下一代创造一个和谐、温馨的成长环境。

3. 设立专门的基金或平台

从经济角度来看，农村妇女的经济独立对家庭和社会的稳定都至关重要。政府可以与妇联组织合作，设立专门的基金或平台，为农村妇女提供低息贷款或创业指导，鼓励她们发展个体经济，增加家庭收入。

4. 制订专门的工作计划

对乡村的了解、对乡村文化的热爱、对家园发展的期望，使农村妇女成为乡村振兴的重要参与者和推动者。为了更好地发挥这一作用，乡村和妇联组织的沟通与交流变得尤为重要。通过定期举办交流会议、座谈会等形式，妇联组织可以及时了解乡村的发展需求，制订相应的工作计划。

5. 对农村妇女的贡献和力量给予高度的认可

在国家乡村振兴法律政策规划中，明确将农村妇女的作用纳入其中，意味着对于农村妇女的贡献和力量给予高度的认可。在实际推进过程中，农村妇女不仅能够为乡村振兴提供丰富的人力资源，还能为乡村带来与众不同的视角和思考。例如，在乡村的健康、教育和社区服务等领域，农村妇女可以为政策制定者提供宝贵的建议和方案；此外，她们对乡村的实际需求和期望有着更加深入的理解，能为乡村振兴提供更为实际和贴近民生的路径。

（二）将发挥妇联组织作用纳入国家乡村振兴的法律政策规划

在具体实践中，妇联组织所发挥的作用越来越明显，已经成为连接农村妇女与国家政策的关键力量。

1. 妇联组织在妇女权益保障和乡村振兴中起着桥梁和纽带的作用

妇联组织能深入基层，了解妇女的需求，为妇女提供培训、咨询、帮扶等服务。纳入国家乡村振兴法律政策规划后，妇联组织可以更好地与政府部门、企业、社会组织等各方合作，共同推进乡村振兴。妇联组织在与乡村的合作中，也需要强调对农村妇女技能和知识的培训。随着现代农业技术的发展，农村妇女需要掌握更多的农业知识和技能。妇联组织可以与农业部门合作，为农村妇女提供系统的农业培训，确保她们能够跟上农业发展的步伐。

2. 法律政策规划要提供必要的资源和支持

法律政策规划需要明确妇联组织在乡村振兴中的具体职责和权利，为其提供必要的资源和支持。例如，为妇联组织提供政策支持和项目合作，帮助她们更好地服务基层妇女。

为了进一步强化妇联组织在乡村振兴中的作用，国家需要加大对妇联组织的支持力度。这不仅仅是在财政资金上给予支持，更重要的是在政策层面给予支持。只有当妇联组织的作用被充分认识和重视，农村妇女才能够真正实现自我价值和发展潜能，乡村振兴才能够高质量实现。

3. 妇联组织应努力增强农村妇女的法律意识

妇联组织可以通过各种法律培训课程和研讨会，帮助农村妇女了解自己的权益，使她们知道如何通过法律途径来维护自己的合法权益。这种法律意识的增强，对农村妇女在家庭和社会中的地位的提高起到至关重要的作用。

4. 根据实际情况采取有针对性的措施和方案

农村的特点和需求是多种多样的，不同地区的情况也会有所不同。因此，妇联组织在参与乡村振兴的过程中，需要根据实际情况采取有针对性的措施和方案。

例如，对于一些偏远地区的乡村，可能更需要加强基础设施（如通信、交通等）建设。妇联组织可以组织妇女参与基础设施项目，既为她们提供工作机会，也有助于提高乡村的基础建设水平。对一些经济较为发达的乡村，妇联组织可以着重于提供培训和指导，帮助农村妇女丰富自身的知识和技能，使她们在经济活动中更具竞争力。

5. 妇联组织需要与其他组织和部门形成合力

无论是乡村的发展，还是妇女的权益保障，都不是妇联组织单独可以完成的。只有所有相关部门和组织共同努力、紧密合作，才能真正实现乡村振兴的目标。

妇联组织可以与各类企业和机构合作，引导更多的资源和资金流入乡村。这不仅能为乡村带来更多的发展机会，也能为妇女创造更多的就业和创业机会，实现双赢。此外，妇联组织也可以搭建平台，为乡村的特色产品提供市场推广，帮助乡村树立品牌，提高产品的附加值。

妇联组织需要与乡村形成深度合作，确保各项工作都能够真正落地并发挥效果。只有这样，妇联组织和妇女才能真正成为乡村振兴的重要力量，为乡村的繁荣和发展作出更大的贡献。

6. 妇联组织要加强自身建设，提高自身的组织能力和执行力

这既包括加强内部管理，提高工作效率，也包括加强对妇女的培训和指导，提高她们的组织参与度和积极性。只有妇联组织自身强大，才能更好地发挥其在乡村振兴中的重要作用。

第三节　移风易俗树新风，推进农村妇女物质生活和精神生活共同富裕

在农村社区中，妇女作为家庭和社会的核心成员，在移风易俗、传承文化、提升乡风文明等方面扮演着不可或缺的角色。农村的许多传统观念和习俗，长期以来都与妇女的命运和权利息息相关。而在新时代背景下，农村社会正在经历深刻的变革，为妇女带来更多的机会和挑战。如何结合时代发展，指

导农村妇女过上更加文明、健康、和谐的生活，不仅是乡村振兴的重要组成部分，而且是全社会共同富裕的重要体现。本节将从破除陈规陋习、弘扬优秀传统文化、提升乡风文明三个维度出发，探讨如何推进农村妇女物质生活和精神生活共同富裕。

一、破除高价彩礼等陈规陋习，构建新型婚育文化

在一些农村地区，高价彩礼等传统习俗已经深入人心，成为许多家庭和妇女所面临的沉重负担。这种传统习俗背后的意义是彰显家族地位和经济实力，但在现代社会背景下，它更多地带来了经济压力、家庭纷争，甚至导致一些青年男女延迟或放弃结婚。为此，构建新型的婚育文化势在必行。2024 年中央一号文件提出，持续推进高额彩礼等突出问题综合治理。《中共中央 国务院关于学习运用"千村示范、万村整治"工程经验有力有效推进乡村全面振兴的意见》提到："持续推进高额彩礼、大操大办、散埋乱葬等突出问题综合治理。鼓励各地利用乡村综合性服务场所，为农民婚丧嫁娶等提供普惠性社会服务，降低农村人情负担。完善婚事新办、丧事简办、孝老爱亲等约束性规范和倡导性标准。"

（一）正确认识农村高价彩礼问题

1. 农村高价彩礼不是孤立的社会现象

农村高价彩礼现象是与整体的经济、文化和社会背景紧密相连的。由于彩礼在某种程度上成为展现家庭经济能力和社会地位的手段，一些家庭过度追求高额彩礼，将其视为家族荣誉的象征。这不仅增加了青年人的婚恋压力，更是加重了农村家庭的经济负担，甚至引发了一系列社会问题（如逾期债务、家庭冲突等）。

2. 彩礼是传统观念的具体表现

在一些农村社区，传统的婚恋观往往与家族、荣誉和社区的期望相互交织。而彩礼作为这些传统观念的具体表现，不仅是经济交易，更多的是一种文化和社会的象征。在深入了解和解决高价彩礼问题的同时，不能忽略农村其他与之相关的传统习俗和观念。例如，对女性的传统评价标准、对婚姻和家庭的期望等，都与彩礼习俗密切关联。因此，要彻底破除这些陈规陋习，不能只是

简单地取消或降低彩礼金额，单纯从经济角度去解决高价彩礼的问题可能效果有限，更重要的是要深入文化层面，努力改变这些根深蒂固的传统观念，从根本上转变农村社区对女性和婚姻的观念。

3.高价彩礼背后隐藏着农村妇女的物化观念

这种物化观念是亟须被改变的。农村妇女不是婚恋市场上的"商品"，而是社区的重要组成部分，拥有与男性平等的权利和地位。因此，提高农村妇女的社会地位，确保她们在婚恋、教育、职业等方面享有平等的权利，是构建新型婚育文化的重要内容。

社会各界应当深化对高价彩礼问题的认识，了解高价彩礼对农村妇女及其家庭和整个社区带来的负面影响。通过多种形式的宣传教育，强化农村居民的法律意识，引导他们树立正确的婚恋观和价值观。此外，可以通过政策和法律手段，设定彩礼金额的上限，打击高价彩礼的行为，从而破除这一陋习。

（二）破除高价彩礼等陈规陋习，构建新型婚育文化

1.教育是破除陈规陋习的关键途径

教育不仅是传授知识的手段，更是塑造人们观念的途径。因此，要加强对农村妇女的教育和培训，使她们具备独立思考的能力，不受传统观念束缚，为自己的未来和家庭作出明智的选择。此外，应鼓励农村家庭重视女孩教育，培养她们的自主能力和自我保护意识，从而摆脱陈规陋习对她们的束缚。

学校教育和家庭教育的作用均不容忽视。从小培养农村孩子性别平等观念，使其内化为自己的价值观，是长远解决问题的关键。教育部门可以与妇联组织等合作，开展性别平等教育，制定相关的教学大纲和教材，确保从小培养孩子正确的价值观。鼓励农村家庭开展家庭教育，为家长提供相关的培训和指导，帮助他们建立正确的家庭教育观念。此外，可以通过公益广告、社区活动等方式，普及性别平等知识，让农村居民了解性别平等的重要性，从而转变他们的观念。

同样，需要对男性进行相应的教育。很多时候，陈规陋习之所以得以持续，是因为男性作为传统社会中的主导者，对其给予了支持。如果男性能够认识到这些传统观念对女性、家庭乃至整个社会的不良影响，或许会更加主动地推动变革。

开展多种形式的文化和教育活动，有助于从根本上改变农村地区对彩礼过

度追求的心态，让农村居民明白好的婚恋应该建立在相互尊重、相互理解的基础上，而不是简单的物质交易。此外，要鼓励和培育农村妇女从事多种形式的创业活动，提高她们的社会地位，增加她们的经济收入，让她们不再过度依赖彩礼作为家庭经济来源。

2. 利用现代科技手段更新传统观念

利用社交媒体等现代科技手段，组织农村妇女参与相关话题的讨论和交流，鼓励她们分享自己的经验及观点，从而产生正向的社会影响力。此外，与现代城市文化的交流和碰撞也可以帮助农村地区更新传统观念，逐渐摒弃高价彩礼的陋习。

3. 开展社区调研，把握农村彩礼问题的核心

需要开展广泛的社区调研，了解农村居民对于彩礼的真实看法和期望。通过调研，可以更准确地把握农村彩礼问题的核心，为后续工作提供有力的指导。同时，调研过程中可以发现农村妇女及其家庭面临的其他问题（如教育、就业、健康等），为政策制定提供更全面的视角。

4. 组织公益活动，构建公正、平等的婚恋关系

组织各种形式的公益活动（如讲座、工作坊、艺术表演等），邀请农村妇女及其家庭成员和社区领导参与，通过互动交流，让他们深入理解高价彩礼背后的问题，启发他们思考如何构建更加公正、平等的婚恋关系。随着交通和通信技术的发展，农村地区与外界的交流变得更加频繁，这为农村地区的居民提供了一个了解外部世界、吸收新思想的窗口，也使他们更容易接受新观念。例如，通过与城市居民的交往，农村妇女可以更直观地看到女性在现代社会中的地位和作用，从而对自己的地位和权利有新的认识。

5. 运用各种力量推动农村彩礼改革

妇联组织可以成为推动改革的重要力量。妇联组织可以组建专门的工作小组或委员会，负责推动农村彩礼改革的各项工作。这些工作小组或委员会可以成为推动改革的重要力量，因为他们更加了解农村社区的实际情况，能够更有效地与社区居民沟通和交流。

媒体和公众舆论也是推动改革的重要力量。政府和社会组织可以与媒体合作，制作和播放一系列与农村彩礼问题相关的宣传片和报道，引导公众正确认

识这一问题，为改革创造良好的舆论环境。

文化和艺术是传递价值观的重要载体。可以通过各种文化和艺术活动（如戏剧、电影、音乐、绘画等），展现性别平等、反对高价彩礼的正面形象和故事，从而影响和改变农村居民的观念。这样，文化和艺术不仅用来娱乐，更是成为改变社会的一股强大力量。

6. 反思传统观念习俗，创设开放包容环境

随着现代社会的发展和全球化进程的加快，一些农村地区开始受外界思想和文化的影响。对于农村地区的妇女而言，这为她们提供了一个重新评估和反思传统观念习俗的机会。尤其是在婚恋方面，许多年轻的农村女性开始追求与城市女性相似的自主选择权和平等地位。这种观念的转变并不容易，但正是这样的转变，使农村地区的环境更为开放和包容。随着媒体和互联网的普及，农村地区的女性可以更容易地接触到外界的新思想和文化，使得她们对传统习俗有了更为深入的思考和质疑。

7. 社会各界共同努力推动移风易俗

各种非政府组织、社区和媒体都在尝试以各种方式宣传性别平等的观念，希望能够影响更多的农村家庭。例如，一些公益活动不仅提供经济援助，还为农村妇女提供心理咨询和法律援助，帮助她们突破传统观念的束缚，追求自己的幸福和权益。对于那些仍然坚持高价彩礼和其他陈规陋习的家庭，政府和社区也在逐渐采取措施，对其进行教育和指导。这不仅是为了妇女的权益，更是为了整个农村社区的和谐与进步。

无论是媒体、政府、非政府组织，还是普通的农村家庭，都应该肩负起自己的责任，打破陈规陋习，共同构建一个更为公正、平等的农村社会。要实现真正的性别平等和婚恋自由，需要农村社区的每个人都参与进来，从自己做起，传递正确的价值观，共同努力，打破陈规陋习，构建一个公正、平等、自由的新乡村。

观念的转变并不是一蹴而就的，它不仅需要时间、耐心，更需要真正的行动、努力。仅仅进行宣传和教育是不够的，还需要有实际行动来支持这一转变。例如，为农村妇女提供更多的工作和发展机会，提高她们的社会地位和经济地位，以及为她们提供法律及心理上的支持。只有这样，农村地区的观念转变才能真正实现，农村妇女才能真正摆脱传统观念的束缚，追求自己的幸福和权益。

二、促进优秀传统文化传承发展，加强婚姻家庭建设

传统文化是一代又一代人传承下来的精神财富，包含了无数的智慧和经验。我们在破除陈规陋习的同时，应该珍视并促进优秀传统文化的传承和发展。特别是在农村地区，传统文化不仅代表了一个地区的历史与记忆，还在日常生活中起到了指导和教育的作用。例如，尊老爱幼、勤俭持家、诚实守信等都是中华民族的传统美德，它们在农村社区中得到了广泛的传播和实践。

（一）传统文化在婚姻家庭建设方面的作用

在婚姻家庭建设方面，传统文化同样有着不可忽视的作用。家庭是社会的细胞，和谐稳定的家庭关系对社会的和谐稳定至关重要。传统的家庭教育和家庭观念在很大程度上塑造了人们对婚姻家庭的看法。我们应该加强对优秀传统文化的传承，使之与现代社会的要求相结合，为农村妇女提供一个良好的家庭环境。

1. 传统文化为农村家庭和谐稳定提供了坚实的文化基石

农村家庭传统的文化和价值观往往与孝道、亲情与团结紧密相连，这些传统价值观在当代仍然具有很重要的参考意义。尊老爱幼、夫妻和睦、家庭团结等都是农村传统家庭文化中的核心内容，它们为农村家庭的和谐稳定提供了坚实的文化基石。

2. 传统文化的深厚底蕴为现代家庭建设提供了丰富的资源

农村地区的优秀传统文化遗产（如传统的节日、风俗、艺术和手工艺等）应该得到更好的传承和保护。这些文化遗产不仅是农村地区的宝贵财富，也是中华民族的文化瑰宝。当下，与农村生活紧密相连的传统歌谣、故事、舞蹈和手工艺等，都蕴含着农村传统家庭文化中对家庭和亲情的独特诠释，为现代家庭建设提供了宝贵的借鉴。例如，农村的家训家规，传达了家族几代人的智慧和经验，为家庭成员指明了行为的方向及界限。我们应加强对这些文化遗产的保护和研究，使之更好地传承与发展。同时，我们应鼓励农村妇女参与到这些文化活动中，在优秀传统文化的传承和创新中发挥更大的作用。

（二）农村妇女在家庭文化传承和创新中的作用

传统社会中，女性往往被视为家庭的辅助者，她们的工作和贡献很少被外界所看到。但实际上，农村妇女在家庭中的作用是不可替代的。

1. 农村妇女是传承乡土文化遗产的重要力量

现代化和全球化的影响使得许多传统习俗和文化逐渐淡化，但农村妇女凭借对乡土文化的深厚情感和责任感，成为传统习俗和文化逐渐淡化的关键抵抗者。多年以来，农村妇女扮演着文化守护者的角色，她们通过口耳相传、实践教育的方式，将先辈的智慧、家族的传统习俗及乡村的文化价值观传承下去。在日常生活中，无论是节日庆典、生育礼仪，还是家族聚会，农村妇女都是文化活动的主要承载者和组织者。她们通过亲手制作传统食品、手工艺品来庆祝传统节日活动，为家庭和社区营造了浓厚的文化氛围。

她们努力保存和传承那些深藏在乡土中的宝贵文化遗产，使之得以流传，并得到现代社会对其重新赋予价值。农村妇女通过日常对孩子生活的照顾，讲述那些家族、亲人、朋友和乡亲的事迹，使得家庭中的年轻一代能够了解到家族的起源、家乡的历史，以及曾经的艰难岁月，使得这些事迹成为家庭中不可或缺的文化纽带。

2. 农村妇女不断为传统文化注入新的活力

农村妇女结合现代知识和技能，创新传统的文化形式和内容，使之更加适应现代社会的需求和审美。例如，将传统的手工艺与现代设计相结合，创作出既有传统韵味又充满现代感的艺术品；或者将传统的家训和故事融入现代教育方法，培养孩子的家庭观念和文化认同。

随着技术的发展，农村妇女也开始尝试利用现代社交媒体（如智能手机等），将家族事迹与更广泛的人群分享。这不仅帮助年轻一代更好地理解家庭的文化背景，还使家族间的情感联系得到加强。不少农村妇女开设了网络直播或微信公众号等，与其他人分享自己的家庭故事和生活经验，为乡村的文化交流提供了新的平台。

许多农村妇女不仅自己参与各种文化活动（如书法、绘画、音乐和舞蹈等），还鼓励家庭中的年轻人参与进来，使得这些传统文化得以延续和发扬。在许多农村地区，农村妇女会组织并参与各种传统节日文艺活动（如春节联欢、端午节龙舟赛和中秋节庆祝等），使得这些传统节日不仅是一个庆祝的日子，更是一个文化传承和家庭团聚的时刻。

（三）农村妇女为家庭建设带来了新的机遇和挑战

随着现代化进程的加速，越来越多的农村妇女走出家门，成为家庭的经济支柱。她们在外工作的经验，不仅提高了自己的经济地位，也为家庭带来了新的思维方式和生活方式。这种变化为农村家庭建设带来了新的机遇和挑战。如何将现代观念与传统价值观结合起来，构建一个既符合现代要求又具有农村特色的新型家庭，是农村妇女和家庭面临的重要课题。

1. 农村地区的文化活动和教育资源逐渐丰富

许多农村妇女开始参加各种文化和教育活动，以提高自己的文化水平及素养，更好地参与家庭和社会的建设。例如，一些农村地区开始开设女性学校和培训班，为女性提供学习和进修的机会。这样的举措不仅能够提高农村妇女的文化素养和综合能力，而且能够提升她们在家庭中的地位。

2. 农村家庭的经济条件得到很大的改善

随着社会经济的发展，许多农村家庭已经从传统的自给自足型家庭转变为现代化、开放型的家庭。这种转变为农村妇女提供了更多的机会和空间，使她们能够更好地参与家庭决策，享受家庭生活的乐趣。为了更好地适应这种变化，农村妇女需要不断提高自己的综合素质，积极参与家庭和社会的各种活动，为家庭和社会的和谐发展作出更大的贡献。

3. 农村地区出现新型家庭观、教育观和婚恋观

在传统的家庭观念和婚恋模式中，女性的角色和地位往往受到限制和固化。随着时代的变迁，人们对于性别平等的认识逐渐加深，农村妇女也开始逐渐意识到自己在家庭中的重要地位和作用。她们不再满足于传统的角色定位，而是希望能够得到更多的尊重和机会，成为家庭的决策者及参与者。随着现代科技的发展和社会的进步，现代的家庭观和教育观被引入农村地区。越来越多的农村妇女选择自主婚恋，不再受传统的束缚和压迫。她们开始关注自己的权益，主张性别平等，反对家庭暴力，争取更多的话语权。这是一个积极的变化，也是社会进步的体现。

农村与城市交流的日益加强，为农村妇女提供了更多的选择和机会，使她们能够更好地平衡家庭和事业，更好地保障自己的权益。此外，政府组织和非

政府组织也逐渐进入农村，为农村妇女提供培训和服务，帮助她们丰富知识、提高能力，更好地参与家庭和社会的建设。

一个和谐、稳定的家庭关系是社会进步的基石，而农村妇女在这一过程中起到了关键的作用。我们应加强对农村妇女的支持和帮助，让她们在婚姻家庭中得到真正的尊重和权利，为农村的和谐稳定和社会进步作出更大的贡献。在传统与现代交融的背景下，农村妇女在家庭建设和文化传承中发挥着不可替代的作用。我们应尊重她们的努力，并为她们营造更好的发展环境，让她们在农村家庭建设和文化传承中发挥更大的作用。

加强婚姻家庭建设，不仅是农村妇女自身的事情，整个社会都应参与其中。从政府到社会组织，从学校到家庭，都应加强对婚姻家庭的教育和引导，为农村妇女营造一个更加公平、和谐的家庭环境，让她们在家庭中得到真正的尊重和平等。为了更好地体现农村妇女在家庭文化中的作用，社会和政府应加强对她们的培训和支持，提供更多的学习资源和机会，让她们能够更好地将家庭文化与现代文化相结合，创新发展，为乡村文化的传承和繁荣作出更大的贡献。

农村婚姻家庭建设和传统文化传承都是乡村振兴的重要组成部分。只有确保农村家庭和谐稳定，并保护和发扬农村的优秀传统文化，才能真正实现农村的全面振兴和长远发展。

三、助力农村妇女弘扬时代新风，提升乡风文明

农村妇女作为乡村文明建设的重要组成部分，具有不可替代的作用。她们不仅是家庭的核心，而且是乡村文明的传承者和推动者。在新时代背景下，乡风文明建设成为乡村振兴战略的重要方面，农村妇女也承担起了弘扬时代新风的重要任务。

（一）农村妇女是乡村文明建设的重要组成部分

1. 农村妇女是家庭和乡村教育的中坚力量

农村妇女在日常生活中展现出的勤劳、节俭、善良和尊老爱幼的品质，为农村社会塑造了正面的形象。她们带动家庭成员参与环境保护、植树造林、清洁村落等公益活动，为乡村文明建设作出了实实在在的贡献。很多农村妇女在家庭中倡导节约用水、用电，传承和弘扬了中华民族勤俭节约的传统美德。此

外，她们还通过自己的实际行动，教育下一代树立正确的世界观、人生观、价值观，培养他们的社会责任感。

农村妇女鼓励孩子珍惜学习机会，积极参与文化和艺术活动，有助于培养有文化、有素质的新公民。同时，她们自己积极参加各种培训和学习活动，提高自己的文化素养和技能水平，成为乡村文明建设的积极参与者。随着社会的进步和科技的发展，农村妇女也逐渐接触到更多的外部信息和知识。她们利用这些信息资源，学习新知识，更新观念，将现代的文明理念与乡村的传统文化相结合，使乡风文明建设既有传统的底蕴，又有现代的元素，形成了独特的乡村文明。

2. 农村妇女是参与乡村治理的积极分子

她们利用自己的影响力，调解家庭纠纷，促进邻里和睦，为农村社区营造和谐稳定的社会环境。她们还组织和参与各种社会活动（如垃圾分类、绿化家园、文艺表演、健康讲座等），为乡村文明建设提供了丰富的内容，使农村社区更加和谐、文明。她们促进了乡风的改善，使得农村社区成为一个有序、守纪、有爱的集体。农村妇女还积极响应国家的号召，参与乡村旅游、特色农产品开发等活动，为乡村经济发展和文明建设作出了重要贡献。

3. 农村妇女始终是家庭文明的坚实后盾

在日常生活中，她们以其细心、坚韧的性格在家庭、邻里之间传播正能量，成为引导乡村向好的重要力量。对于乡风的改进，她们往往有着更为敏锐的观察和实际的建议。例如，为了解决农村孩子放学后无人照顾的问题，很多农村妇女联合起来，组织亲子活动，不仅使孩子得到了良好的教育和照顾，还培养了孩子的团队精神和集体意识。

农村妇女作为乡风文明建设的主要力量，她们的参与和贡献不仅是乡风文明建设的重要支撑，更是全面推进乡村振兴的重要力量。通过农村妇女的积极参与和推动，乡风文明的面貌正逐步焕然一新。她们用细致入微的关怀，给乡村文明建设注入了温暖的情感和深沉的力量。在未来，农村妇女将继续发挥自己的作用，为构建社会主义新农村贡献更多的智慧和力量。农村妇女在乡风文明建设中发挥着不可替代的作用，她们是乡村文明建设的坚强后盾和重要力量，应当得到社会各界的高度重视及大力支持。

（二）农村妇女在乡风文明建设中发挥的重要作用

1. 传播和践行乡风文明的理念

农村妇女在日常交往中，积极传播乡风文明的理念，以实际行动推动乡风文明建设。例如，在日常的沟通交流中，她们注重礼貌与和谐，尊重他人，避免恶语伤人，努力为社区营造一个和谐、宜居的氛围。此外，她们通过组织各种亲子活动、乡村文化节、手工艺品交流会等，弘扬传统美德，促进乡村文明的传播。她们努力摒弃那些不合时宜，甚至有害的传统观念，如对女性地位的低估、认为女性只适合做家务和照顾家庭等观念。农村妇女开始倡导平等、互助与尊重的观念，鼓励乡村的男性和女性共同参与社区建设，共同分担家庭责任。

2. 关心青少年的成长和教育

农村妇女认为，青少年既是乡村的未来，也是乡风文明建设的重要参与者。她们鼓励青少年参与乡村的公共事务，学习乡风文明的内涵，成为乡村未来的栋梁。这种对青少年的关心与培养，也为乡风文明建设提供了持久的动力。农村妇女还利用自己的影响力，鼓励和引导乡村青少年参与乡风文明建设。青少年的参与对乡风文明建设的深入推进和长远发展具有重要意义。农村妇女分享自己的经验，并提供指导和支持，使乡村青少年更有信心、动力参与到乡村建设中，成为乡村振兴的新生力量。

3. 在环保方面发挥着积极作用

她们深知土地对农民的重要性，因此积极倡导环保节约理念，呼吁乡亲们珍惜资源，减少浪费，合理使用化肥和农药，保护土地、水源和生态环境。她们经常组织清洁活动，清理乡村内的垃圾，提升村落的整体环境卫生。这种自下而上的行动，对乡风文明建设产生了积极的推动作用。她们还倡导简单、健康、绿色的生活方式。在饮食方面，她们推广本地食材，鼓励家庭种植蔬菜和果树，减少对化肥和农药的依赖；在日常生活中，她们提倡节约用水、节约用电，减少一次性用品的使用，鼓励回收和再利用；在交通出行方面，她们鼓励乡亲们骑自行车或步行，减少机动车的使用，减少碳排放。

在她们的推动下，许多乡村开始重视环境卫生，公共空间被打理得井井有条，许多家庭种植花园和绿地，随地乱丢垃圾的现象逐渐减少。如今的乡村已经不再是那个满是灰尘、落后、闭塞的地方，而是充满了生机与活力的绿色家园。

4. 合作组织各种教育和培训活动

在弘扬乡风文明的过程中，农村妇女与乡村的其他群体、企事业单位、各级政府等形成了紧密的合作关系。她们注重与其他社区合作，共同策划各种活动。例如，与当地学校、卫生院、农民合作社等合作，共同开展文化、健康、农业技术等方面的培训活动。对于农村妇女来说，她们在弘扬时代新风的同时，深知在乡风文明建设中担当的责任与使命。正因如此，农村妇女在社区内不断组织各种教育和培训活动，特别是关于女性权益、家庭教育、心理健康等方面的培训，以提升农村妇女的整体素质，帮助她们树立正确的世界观、人生观、价值观。

她们经常组织各种活动（如手工艺制作、乡村旅游、民间艺术表演等），吸引众多农村居民参与。这些活动不仅丰富了农村居民的精神文化生活，还为乡村带来了一定的经济收入。此外，她们还经常组织培训班，教授农村居民如何进行农业生产、如何进行家庭经营等，使得农村居民的生活水平得到了进一步的提高。这些活动不仅增强了农村妇女的组织和实操能力，而且促进了农村社区内部的沟通与合作，构建了一个紧密的利益共同体。这种跨界合作，不仅提供了丰富的资源和支持，还为乡风文明建设搭建了一个平台，使其影响力得以快速扩大、持续深入。

5. 准确把握乡村在传统和现代之间的平衡

农村妇女对乡村的历史和传统有着深厚的了解。在弘扬乡风文明的过程中，她们在追求现代化的同时，不忘原本的文化和传统。这种独特的视角，使得乡风文明建设更加丰富、多元，成为推动乡村全面振兴的关键因素。她们鼓励农村居民珍惜农村的历史文化，保护农村的自然环境，维护农村社会的和谐，共同创建一个幸福、美好的乡村家园。在这个过程中，农村妇女既是参与者，也是领导者，她们用实际行动，展现了农村妇女在乡风文明建设中不可或缺的作用。

在推进乡村振兴的伟大进程中，农村妇女在移风易俗、树立新风方面扮演着不可或缺的角色。乡风文明建设和农村妇女的努力是密不可分的。她们不仅积极地参与破除陈规陋习，还推动乡村建立新型婚育文化，使得乡村的婚恋观日益健康、文明。农村妇女还助力塑造了和谐稳定的家庭环境，培养下一代具有更加积极向上的人生观。更重要的是，她们在弘扬时代新风、提升乡风文明的过程中，不仅促进了乡村文明建设，而且加强了农村社区的凝聚力，为乡村持续繁荣发展奠定了坚实的基础。总之，农村妇女在乡村振兴中，用实际行动展现了她们在物质生活和精神生活共同富裕方面的重要贡献与价值。

第四节　提高个人综合素质，激发农村妇女振兴乡村的内生动力

在乡村振兴的大潮中，农村妇女作为这一进程的重要参与者和受益者，她们的个人综合素质与内生动力，决定了乡村可持续发展的深度与广度。农村妇女不仅是家庭的支柱，也是乡村的活力源泉。提高农村妇女的综合素质，意味着为乡村发展提供更多的人才、智慧和创新力量。从女童教育的早期投入，到新型职业女农民的培育，再到强化农村妇女的主体意识，这一系列措施旨在激发农村妇女为乡村振兴注入更多的活力与热情。这不仅是对农村妇女的深厚关心与坚定支持，而且是对乡村未来发展的长远规划和战略投资。

一、加强农村女童教育，奠定农村妇女振兴乡村发展的基础

教育被誉为改变命运的"金钥匙"，是阻断贫困代际传递与改变人生命运的关键和有效方式。一些农村地区的教育资源与城市相比，往往存在一定的差距，尤其是女童教育在某些地方容易受到忽视。农村女童的教育，作为社会进步的前沿，是决定农村未来走向的关键。

（一）强调农村女童教育的重要性

1. 对农村女童个人发展的重要影响

1989 年，在全国妇联领导下，中国儿童少年基金会发起并组织实施了旨在帮助贫困地区失学女童重返校园、继续学业的"春蕾计划"公益项目。从重点辅助政府普及九年义务教育，拓展至全学龄段女童资助，持续提升女童受教育水平；从以助学为核心，到丰富升级技能培训、健康保护、数字教育等一系列关爱服务……三十多年来，"春蕾计划"不仅深刻改变了"春蕾女童"的命

运，阻断了贫困代际传递，推动了中国女童教育可持续发展，也为国际社会提供了改善女性受教育状况的中国经验。

2023年9月28日，"春蕾计划"获得2023年联合国教科文组织女童和妇女教育奖。越来越多的女性通过教育改变自身命运，实现人生价值，并认识到女孩受教育的重要性，理解教育能为女孩未来带来更广阔的人生道路和更多的选择机会。

2. 阻断贫困代际传递

今天的女童，明天的母亲。只有提高母亲的素质，才能更好地提高孩子的素质。要解决偏远山区的贫困问题，应从提升妇女素质入手。投资农村女童的教育是一项长远的、具有战略意义的工作，不仅影响今天农村家庭的和谐与农村社会的秩序，而且会影响中国下一代国民的素质和未来社会的发展。只有确保她们获得全面、平等、高质量的教育，才能为农村的可持续发展和振兴培养出一代又一代的杰出人才，避免陷入"低素质母亲、低素质孩儿"的恶性循环。

（二）加强农村女童教育的举措

1. 鼓励农村家庭送女童入学

加强农村女童教育，首先需要确保农村女童的入学机会，消除性别偏见，让每个女孩都能获得平等、优质的学习机会。政府和学校需要调动各方资源，提供更多的奖学金和资助项目，鼓励农村家庭送女童入学。加强对农村教育的投入，改善学校硬件设施，吸引优质教育资源进驻乡村，确保农村女童在一个良好的学习环境中成长。通过多渠道宣传和普及教育的重要性，使更多的农村家庭和社区认识到女童教育的价值，形成鼓励女童接受教育的良好社会氛围。这不仅能够提高农村女童的综合素质，也是推动农村持续、健康发展的关键所在。

2. 开设更多与乡村振兴相关的课程

农村地区的特色和优势为女童教育带来了独特的机会。例如，农村的自然环境为女童提供了更多与大自然亲近、进行户外学习的机会。这种户外学习方式不仅能够培养她们的观察力和实践能力，而且有助于培养她们的环保意识和对大自然的敬畏之心。

注重教育内容的现代化与实用性，开设更多与乡村振兴相关的课程，培养女童的实际操作能力与创新思维。设置与农村特色（如农业技术、乡村旅游、传统手工艺等）相结合的课程，既可以使农村女童更好地融入乡村生活，又可以帮助她们掌握实用技能，为将来的乡村振兴做好准备。通过开设乡土文化、生态保护和农业技术等方面的特色课程，农村女童可以更深入地了解自己的家乡、文化和传统，从而培养她们对乡村的热爱和归属感。

与此同时，可以与高校、企业和其他机构合作，为农村女童提供实习、实践和就业的机会，让她们在实践中锻炼自己，增强自己的竞争力。

3. 开展一系列创新教育活动和项目

针对农村的实际情况和需求，开展一系列创新教育活动和项目是非常有必要的。例如，通过设立乡村少女创客空间或女童科技实验室，让农村女童有机会接触到现代科技、编程、机器人等前沿领域的知识，帮助她们打破传统的束缚，培养她们的创新精神和实践能力。鼓励女童积极参与各类社区活动和实践项目，增强社会参与意识，提升团队合作能力，努力成为乡村振兴的积极推动者。

4. 提高农村女童的综合能力和素养

对农村女童的教育不仅是学术知识的输入，而且是综合能力和素养的提高。农村环境中丰富的资源（如自然、农业、手工艺等），都为农村女童提供了宝贵的实践和体验机会。例如，将农业科学与传统知识相结合，通过农作物种植实践等，农村女童不仅能学到科学知识，还能培养出对土地、家乡的热爱和责任感。在农村女童教育过程中，除了基础学科知识的传授，还需要注重培养她们的自信心、独立思考能力和解决问题的能力。对于农村女孩来说，这不仅意味着她们能够在学术上与其他同龄人平起平坐，还意味着她们能够在未来的生活中更加独立和自信。

5. 现代技术对农村女童教育的推动不容小觑

通过互联网和数字化工具，农村的学校和学生可以与外界进行更为紧密的联系。这为农村女童提供了更为广阔的学习和交流平台，使她们能够及时了解外部世界的新知新观，开阔视野，增强创新意识。

6. 弥补农村地区与城市教育资源差距

农村地区的教育资源与城市相比，往往存在一定的差距。但许多地方政府和社会组织正在努力弥补这一差距，确保农村女童能够享有高质量的教育资源。例如，通过与高校、研究机构合作，为农村地区引入更多先进的教育理念和教学方法。与此同时，利用现代技术手段（如远程教育、在线课程等），为农村女童提供更多的学习机会和资源。

7. 鼓励农村女童参与社区服务和公益活动

农村地区的家庭和社区往往联系得更为紧密，这为加强女童的家庭教育和社区教育创造了有利条件。家庭成员、邻居和社区的长辈都可以成为女童成长过程中的良师益友，他们的生活经验和传统智慧都是宝贵的教育资源。通过与他们的交往和学习，农村女童不仅可以增强对传统文化的认同感，还可以学会如何与人和睦相处。

家长、老师和社区要为农村女童营造一个鼓励探索、勇于尝试的环境，相信她们有能力成为未来乡村振兴的中坚力量，并给予她们充分的支持。鼓励农村女童参与社区服务和公益活动也是十分必要的。这不仅能增强她们的社会责任感，还能提高她们的组织、沟通和领导能力。当她们积极参与社区的建设，为乡村的发展出谋划策时，她们的自信和自尊也会得到极大的增强。

8. 强化农村女童的性别平等教育

在一些传统的观念中，女性往往被期望扮演某些固定的社会角色，这无疑限制了她们的选择和发展空间。通过性别平等教育，可以帮助农村女童树立正确的自我认知，使她们明白，无论性别如何，每个人都有平等追求自己的梦想和价值的机会。

9. 通过农村女童教育，让女童在各领域全面均衡发展

农村女童教育并不仅仅是简单的知识传授，它涉及身心健康、文化传承、技能培训等多个方面。只有确保农村女童在这些领域都得到全面和均衡的发展，才能真正奠定农村妇女振兴乡村的坚实基础。

10. 强化农村女童的人文关怀和心理健康教育

在个别农村地区，由于各种原因，女童可能容易受到心理伤害或压力。因此，设立心理健康辅导课程和提供心理健康服务，帮助她们建立正确的世界

观、人生观、价值观，对她们的健康成长和未来发展有着重要的意义。

11. 强化对农村女童的文化与艺术教育

许多农村地区都拥有丰富的传统文化和艺术资源（如民间舞蹈、传统工艺等），将这些资源融入女童教育中，不仅能够培养她们的审美能力和创造力，还可以使她们深入了解和珍惜自己的文化根源。

12. 鼓励农村女童参与体育活动

体育活动不仅能够提高她们的身体素质，而且能够锻炼她们的团队合作意识和竞争意识。体育活动还可以帮助女童建立积极的人生态度，学会面对挑战和困难，提高逆境抗压能力。

为了确保农村女童的教育质量，政府和社会应进一步完善相关的支持政策和机制，如加大对农村教育的投入、培训农村教师、搭建教育合作平台等。只有这样，才能确保每名农村女童都能够获得优质、均衡的教育，为农村妇女振兴乡村发展打下坚实的基础。

二、加强新型职业女农民培养，提高农村妇女振兴乡村发展的能力

在乡村全面振兴的背景下，农村妇女作为农业生产的重要力量，正经历着从传统农民到新型职业农民的转变。这一转变不仅是技能上的提升，更涉及思维方式、管理方法和市场观念的现代化。因此，加强新型职业女农民的培育尤为重要。

（一）加强对农村妇女培养引导的必要性

1. 加强培养引导，使农村妇女成为乡村振兴的积极参与者和主动推动者

农村妇女是乡村振兴的积极参与者和主动推动者。在新时代背景下，农村妇女的角色日益凸显，她们不仅是家庭的支撑，而且是乡村振兴的中坚力量。为了更好地发挥农村妇女在农村经济和社会发展中的作用，必须进一步加强对她们的培养和引导，使她们成为乡村振兴的积极参与者和主动推动者。

2. 加强培养引导，使农村妇女成为乡村振兴的坚实后盾和主力军

农村妇女的发展和成长，不仅能提高生产效率和经济收入，而且能促进乡村的社会和谐、文化传承和家庭幸福。只有给予农村妇女足够的支持和培训，确保她们得到全面且深入的培养，才能使她们释放出巨大的潜能，成为乡村振兴的坚实后盾和主力军，为乡村的繁荣和发展作出更大的贡献。

（二）加强新型职业女农民培养的举措

1. 加大对农村妇女的政策支持力度

鼓励她们参与乡村产业（如乡村旅游、农产品深加工等）的开发和经营，这样不仅可以增加她们的收入，还可以带动乡村经济的发展。同时，建立健全农村妇女创业的政策体系，为她们提供低息贷款、税收减免、培训指导等支持，激发她们的创业热情。

针对农村妇女的特定需求，可以考虑推出一系列金融支持政策（如专门的小额贷款、优惠利率和保险产品），使她们在农业生产和经营过程中有更为稳健的资金支持。同时，引导金融机构为农村妇女提供金融知识和理财技能培训，帮助她们更好地管理家庭和生产经营的资金。

加强对农村妇女的法律保护，维护她们的合法权益，为她们提供一个公平、公正、和谐的发展环境。例如，加大对农村妇女权益的宣传力度，普及法律知识，增强她们的法律意识，使她们敢于维权。

2. 加强对农村妇女的技能培训和教育普及

要提高农村妇女的文化素养和专业技能，使她们更好地适应现代农业的发展需求。针对农村妇女的特殊需求，可以为她们提供更多的培训和发展机会（如女性创业培训、技能提升培训等），通过设立农村妇女技能培训中心，组织各种培训班，教授农村妇女现代农业技术、电商营销技巧、家庭管理知识等，帮助她们提高综合素质。只有提高自身素质，农村妇女才能更好地适应现代农业发展的需求，为乡村振兴贡献更大的力量。

加强对农村妇女的技术培训，是提高其农业技术和生产能力的基石。建立完善的培训体系，不仅包括传统农业技术，还包括智慧农业、生态农业和有机农业等现代农业技术。为此，各级政府可以与农业技术推广中心、农业大学和

农业科研单位合作，定期在农村开办有针对性的技术培训班。此外，利用现代信息通信技术和互联网平台，可以为农村妇女提供在线学习和技术咨询等服务，使她们能够随时随地获取到所需农业技术信息和支持。

为农村妇女提供与现代农业生产技术、农村合作经济组织管理、农产品深加工、市场营销等方面的培训，让农村妇女参与农产品的加工、销售、市场推广等环节。这既有助于增加农村妇女的经济收入，也有助于培养她们的创业和创新精神。这些培训可以通过线上线下相结合的方式进行，确保内容的实时更新和培训的普及率。农村妇女自身也应树立新的职业观念，不应仅满足于传统的农业生产，而应不断追求知识和技能的更新，与时俱进，适应现代农业的发展趋势，以期为乡村振兴作出更大的贡献。

应进一步深化乡村教育资源的整合与优化，确保培训内容与农业现代化需求相匹配。除了农业生产，农村妇女还可以在农村旅游、文化和手工艺品等领域发挥自己的优势。例如，可以通过培训，帮助农村妇女开发和推广具有地方特色的农村文化及手工艺品，为游客提供独特的旅游体验和纪念品，从而增加农村的吸引力与农民收入。

农村妇女是家庭的核心和社区的纽带，因此，加强对农村妇女的文化和心理培训，提高她们的文化修养和人际交往能力，可以对农村社区的和谐与稳定起到积极作用。加强对农村妇女心理健康和领导力的培训，使她们不仅能够应对生产技术的挑战，还能在乡村社区中起到领导和带动作用。此外，与农业相关的高等教育机构和科研单位也应参与其中，开展农村妇女实习、实践和研究项目，提供更为深入和专业的支持。

3. 鼓励农村妇女参与乡村公共事务的决策和管理

农村妇女应参与乡村公共事务的管理和决策（如村民自治、公共资源管理等），发挥她们的桥梁和纽带作用，为乡村的和谐发展提供有力支持。建立农村妇女代表大会、妇女议事会等组织，使她们真正成为乡村决策的参与者和实践者。她们的参与不仅可以确保决策的公正性、合理性，而且可以增强农村妇女的自我认同和归属感，促进她们更加积极地参与到乡村振兴行动中。

4. 与农业企业和电商平台建立合作关系

为农村妇女提供更为广阔的市场机会，是提高其振兴乡村发展能力的关键。为此，可以设立专门的农村妇女农产品线上销售平台，或者与电商平台合作，推出农村妇女专区，让她们的产品能够更为迅速地进入市场，获得更高的价值回报。农村妇女在家庭和社区中的影响力不容小觑，因此，应鼓励建设农村妇女合作社、农村妇女创业园区等，为农村妇女提供一个可以互相学习、交流和合作的平台。这样的机制既能集中资源、提高效率，又能增强农村妇女的凝聚力和归属感。

在经营模式上，应鼓励农村妇女参与家庭农场、合作社等现代农业的经营管理，与其他农民或企业合作，共同分享资源、技术和市场。这不仅可以提高农产品的生产和销售效率，还能为农村妇女创造更多的就业和创业机会，使她们成为现代农业经营的主力。

农村妇女在创新农产品深加工和品牌建设方面展现出了巨大的潜力。许多传统的农产品和特色食品都与农村妇女的智慧和劳动密切相关，如各种酱菜、果酱、腌制食品等。通过现代的食品加工和包装技术，可以将这些传统食品转化为高附加值的特色产品，打入更广泛的市场。对此，相关部门应为农村妇女提供食品加工和品牌建设的培训和支持，帮助她们把家乡的特色食品推向全国甚至是国际市场。

随着电商和网络销售的兴起，农村妇女可以通过线上平台销售自己的农产品和手工艺品。这不仅可以扩大销售渠道，还能直接与消费者互动，了解市场需求和反馈，不断优化产品和服务。为此，可以为农村妇女提供电商培训和线上销售支持，鼓励她们成立线上店铺，加入现代农业销售的大潮。

5. 鼓励农村妇女进军生态农业和有机农业领域

考虑到农村地区的自然环境和资源优势，农村妇女可以在生态农业和有机农业领域发挥自己的力量。对土地和作物的细致关心，对生态环境的保护意识，使她们成为推广绿色农业的最佳人选。通过有机农业、无公害农产品的种植，可以为消费者提供更健康、更安全的食品，同时为农村妇女带来更高的经济效益。

农村妇女在乡村旅游和农业体验活动中发挥着重要作用。她们不仅可以为游客提供地道的农家饭和住宿，还可以组织各种农事体验活动（如收割、种植、加工等），让游客亲身体验乡村生活的魅力。这既能提升乡村旅游的吸引力，也能为农村妇女创造更多的经济收入。

在新农村建设过程中，农村妇女可以利用自己的手工技能，发展特色手工艺品（如刺绣、编织、陶瓷等），形成具有地方特色的文化产业。这些手工艺品不仅能作为乡村旅游的亮点吸引游客，而且可以通过网络平台和各种展会进行销售，进一步增加农村妇女的经济收入。

三、增强农村妇女的主体意识和振兴乡村的责任感

农村妇女的主体意识是指她们对自己在乡村发展中的角色和地位的认识与自觉性。强化这种意识，意味着农村妇女不仅要认识到自己是农村社会经济发展的主体，而且要在实践中主动承担起推动乡村发展的责任和使命。增强农村妇女的主体意识和振兴乡村的责任感，不仅是推动乡村振兴的需要，也是促进农村妇女自身发展的需要。只有当她们真正成为乡村发展的主体，拥有足够的话语权和影响力，才能真正释放她们的潜能，为乡村振兴作出更大的贡献。

（一）农村妇女是农村社会经济发展的主体

1. 农村妇女在增强主体意识和责任感方面挑战与机遇并存

在现代社会中，随着经济、教育和科技的发展，农村妇女的角色发生了深刻的变化，她们不再仅仅局限于家庭，而是成为了乡村振兴中的主要参与者和推动者。一方面，现代社会的发展为她们提供了前所未有的机会，从教育到职业发展，从家庭建设到社会参与，她们都有了更多的选择权和发言权。另一方面，传统的观念和偏见仍然存在，这在某种程度上限制了农村妇女的发展和进步。因此，如何在这样的环境中，既保持自己的主体意识，又承担推动乡村振兴的重任，是农村妇女当前面临的重要课题。

2. 农村妇女的主体意识是对自身权益的追求和维护

农村妇女不仅要为孩子、家庭、社区而努力，还要为自己的未来和梦想而努力。国家和社会应给予她们更多的关注和支持，为她们提供更多的学习和发展机会，让她们能够更好地融入乡村振兴的大潮。随着信息技术和互联网的广泛应用，农村妇女的生活和工作也发生了巨大的变革。她们可以通过网络学习各种知识与技能，与外界进行交流及合作，更加灵活和便捷地参与到乡村振兴的各个环节。这既为农村妇女提供了更多的可能性，也为她们在乡村振兴中发挥作用带来了新的机遇。

3. 农村妇女的主体意识是乡村发展的重要支撑

事实上，农村妇女已经在多个领域中展现了她们的才华和魅力。不少农村

妇女成为了家乡的致富带头人，通过创业和创新，带动了家乡的经济发展。还有一些农村妇女通过自己的努力，成为了各行各业的佼佼者，为乡村的文化和教育事业作出了卓越的贡献。这些都充分证明，农村妇女在乡村振兴中的作用不容忽视。

农村妇女在乡村振兴过程中具有不可替代的作用，她们的主体意识与责任感不仅关系到个人的发展，还关系到乡村的发展。随着全球化的深入推进，农村妇女需要有更广阔的视野和更多的交流机会。这不仅可以增强她们的主体意识，还可以帮助她们更好地把握时代的脉搏，与时俱进，不断提高自身的综合素质。为此，可以鼓励农村妇女参加各种交流和培训活动，与外界进行更多的交流及合作，拓宽她们视野。

（二）增强农村妇女的主体意识和责任感

1. 加强对农村妇女的思想教育和引导

农村妇女在家庭中的地位逐渐上升，她们不仅是家庭的经济支柱，更是家庭和谐、幸福的重要保障。因此，应进一步加强家庭教育，培养农村妇女的家庭管理能力和家庭教育观念，使她们在家庭中发挥更大的作用。同时，应加强对农村妇女的思想教育与引导，让她们明确认识到自己是乡村振兴的重要力量，她们的每个行动都会影响乡村的发展和进步。为此，可以通过组织各种形式的学习班、培训课程等，传播先进的思想观念，引导农村妇女树立正确的世界观、人生观和价值观。

2. 积极为农村妇女创造参与乡村公共事务的条件和机会

积极为农村妇女创造参与乡村公共事务的条件和机会，使她们在实践中充分发挥自己的才智与能力。例如，可以鼓励她们参加乡村治理、文化建设、环境保护等公共事务，使她们真正成为乡村发展的主人。农村妇女在乡村振兴中的作用不仅体现在经济上，更体现在文化、教育、健康等多个领域上。这些领域对乡村的整体发展和妇女自身的成长都至关重要。因此，需关注农村妇女的全面发展，鼓励她们在各个领域中发挥自己的优势，展现自己的才华和魅力。

3. 鼓励农村妇女加入妇女组织和社团，增强话语权

鼓励农村妇女加入各种妇女组织和社团，通过集体的力量，增强自己的话语权和影响力。例如，支持妇女成立合作社、妇女企业、妇女互助组等，这样

不仅可以帮助她们更好地发挥自己的优势，展现自己的能力，还可以让她们更有力地参与乡村振兴，为乡村发展贡献自己的智慧和力量。

农村妇女是乡村文化的传承者。她们传承的各种传统技艺、乡土知识和生活智慧，都是乡村文化的宝贵财富。要鼓励农村妇女珍惜这些传统文化，同时要引导她们与时俱进、创新发展。例如，组织农村妇女参与各种文化活动和技艺培训，使她们的传统技艺更加适应现代市场的需求，为乡村经济发展创造新的增长点。此外，应加强对农村妇女的法律保障，确保她们在乡村振兴中的权益不受侵犯。这需要加强对农村妇女权益的宣传教育，增强她们的法律意识，让她们知道自己的合法权益及如何维权，同时要完善法律制度，为她们提供有力的法律支持。

总之，农村妇女在乡村振兴中的作用不容忽视。在农村社会，无论是传统的农业生产还是家庭中的日常管理，农村妇女都扮演着不可替代的角色。然而，随着现代化进程的加速，农村妇女面临的挑战也在增加，外出务工、家庭教育、养老问题等都对农村妇女提出了新的要求。这些问题的背后，实际上是农村妇女的主体意识和责任感正不断被唤醒和加强。为了使农村妇女更好地适应这一变化，需要帮助她们提高自身能力，全面关心她们的发展，从经济、文化、家庭等多个方面为她们提供支持，使她们真正成为乡村振兴的有力推手。

增强农村妇女的主体意识和责任感不是一蹴而就的，它需要一个过程，需要长期的培养和锻炼。为此，政府和社会各界都应该采取更加积极的措施，为农村妇女创造更好的发展环境，提供更多的学习和培训机会，使她们不断提升自己的综合素质，为乡村振兴作出更大的贡献。

随着社会的进步和科技的发展，现代化的浪潮正深入乡村。农村妇女将面临更多的机遇和挑战，如何帮助她们更好地适应这一变革，释放她们的潜力，成为我们面临的重要课题。希望各级政府、社会组织、企事业单位和广大人民群众，都能为农村妇女的发展提供更多的支持及帮助，让她们成为乡村全面振兴的重要力量。

结　语

　　全面推进乡村振兴是新时代建设农业强国的重要任务。作为新时代乡村振兴的主要参与者与承担者，农村妇女肩负着新的时代使命，是乡村振兴活动中不可替代的力量，是推动农业农村现代化的重要力量，既是乡村振兴的享有者、受益者，更是推动者、建设者。我国开展的脱贫攻坚也在不同程度上惠及农村妇女群体。未来，巾帼之花将在广袤乡村继续绽放，做实事、促发展、谋振兴，助力乡村振兴结出累累硕果。广大女性将在乡村振兴的道路上共同贡献巾帼力量，书写精彩华章。

　　在本书的撰写过程中，每次深入调研和交流，都让著者深感农村妇女的坚韧与智慧，她们的故事与挑战值得我们深入探究和关注。未来，希望更多的研究者和实践者加入这一行列，共同推动农村妇女发展，努力实现乡村全面振兴的伟大目标。

参考文献

［1］ 马克思，恩格斯.马克思恩格斯选集：第1卷［M］.中共中央马克思恩格斯列宁斯大林著作编译局，编译.北京：人民出版社，2012.

［2］ 马克思，恩格斯.马克思恩格斯选集：第2卷［M］.中共中央马克思恩格斯列宁斯大林著作编译局，编译.北京：人民出版社，2012.

［3］ 马克思，恩格斯.马克思恩格斯选集：第3卷［M］.中共中央马克思恩格斯列宁斯大林著作编译局，编译.北京：人民出版社，2012.

［4］ 马克思，恩格斯.马克思恩格斯选集：第4卷［M］.中共中央马克思恩格斯列宁斯大林著作编译局，编译.北京：人民出版社，2012.

［5］ 丁娟.试述毛泽东关于中国妇女解放道路的思想［J］.妇女研究论丛，1993（4）：8-12.

［6］ 中华人民共和国全国妇女联合会.马克思 恩格斯 列宁 斯大林　论妇女［M］.北京：中国妇女出版社，1990.

［7］ 李大钊.李大钊文集：下［M］.北京：人民出版社，1984.

［8］ 陈独秀.陈独秀文章选编：中［M］.北京：生活·读书·新知三联书店，1984.

［9］ 毛泽东.毛泽东选集：第1卷［M］.北京：人民出版社，1991.

［10］ 中华全国妇女联合会妇女运动历史研究室.中国妇女运动历史资料：1945—1949［M］.北京：中国妇女出版社，1991.

［11］ 中华全国妇女联合会.毛泽东 周恩来 刘少奇 朱德　论妇女解放［M］.北京：人民出版社，1988.

［12］ 毛泽东.毛泽东文集：第6卷［M］.北京：人民出版社，1999.

［13］ 邓小平.邓小平文选：第1卷［M］.2版.北京：人民出版社，1994.

［14］ 江泽民.全党全社会都要树立马克思主义妇女观：在"三八"国际劳动妇女节80周年纪念大会上的讲话：1990年3月7日［N］.人民日报，1990-03-08（1）.

［15］ 胡锦涛．在纪念"三八"国际劳动妇女节 100 周年大会上的讲话：2010 年 3 月 7 日［N］．人民日报，2010-03-07（2）．

［16］ 习近平．促进妇女全面发展　共建共享美好世界：在全球妇女峰会上的讲话：2015 年 9 月 27 日，纽约［N］．人民日报，2015-09-28（3）．

［17］ 恩格斯．家庭、私有制和国家的起源［M］．中共中央马克思恩格斯列宁斯大林著作编译局，译．3 版．北京：人民出版社，1999．

［18］ 习近平．习近平谈治国理政：第 1 卷［M］．2 版．北京：外文出版社，2018．

［19］ 习近平．习近平谈治国理政：第 2 卷［M］．北京：外文出版社，2017．

［20］ 习近平．习近平谈治国理政：第 3 卷［M］．北京：外文出版社，2020．

［21］ 习近平．习近平谈治国理政：第 4 卷［M］．北京：外文出版社，2022．

［22］ 中共中央党史和文献研究院．习近平关于注重家庭家教家风建设论述摘编［M］．北京：中央文献出版社，2021．

［23］ 习近平．高举中国特色社会主义伟大旗帜　为全面建设社会主义现代化国家而团结奋斗：在中国共产党第二十次全国代表大会上的报告：2022 年 10 月 16 日［M］．北京：人民出版社，2022．

［24］ 李静之，张心绪，丁娟．马克思主义妇女观［M］．北京：中国人民大学出版社，1992．

［25］ 中国妇女与发展：地位·健康·就业［M］．郑州：河南人民出版社，1993．

［26］ 中华人民共和国国务院新闻办公室．中国妇女的状况［M］．北京：人民出版社，1994．

［27］ 金一虹，刘伯红．世纪之交的中国妇女与发展：理论·经济·文化与健康［M］．南京：南京大学出版社，1998．

［28］ 李秋芳．半个世纪的妇女发展：中国妇女 50 年理论研讨会论文集［M］．北京：当代中国出版社，2001．

［29］ 蒋永萍．世纪之交的中国妇女社会地位［M］．北京：当代中国出版社，2003．

［30］ 杜芳琴，王向贤．妇女与社会性别研究在中国：1987—2003［M］．天津：天津人民出版社，2003．

［31］ 仝华，康沛竹．马克思主义妇女理论发展史［M］．北京：北京大学出版社，2004．

［32］ 周颜玲，伯海德．全球视角：妇女、家庭与公共政策［M］．王金玲，等译．北京：社会科学文献出版社，2004．

［33］ 佟新．社会性别研究导论：两性不平等的社会机制分析［M］．北京：

北京大学出版社，2005.

［34］ 行龙.走向田野与社会［M］.北京：生活·读书·新知三联书店，2007.

［35］ 章梅芳，刘兵.性别与科学读本［M］.上海：上海交通大学出版社，2008.

［36］ 杨菊华，宋月萍，翟振武，等.生育政策与出生性别比［M］.北京：社会科学文献出版社，2009.

［37］ 左际平，蒋永萍.社会转型中城镇妇女的工作和家庭［M］.北京：当代中国出版社，2009.

［38］ 李银河.家庭与性别评论：第2辑［M］.北京：社会科学文献出版社，2009.

［39］ 洪天慧.中国和谐家庭建设报告［M］.北京：社会科学文献出版社，2011.

［40］ 费孝通.江村经济［M］.武汉：长江文艺出版社，2023.

［41］ 吉利根.不同的声音：心理学理论与妇女发展［M］.肖巍，译.北京：中央编译出版社，1998.

［42］ 麦茜特.自然之死：妇女、生态和科学革命［M］.吴国盛，吴小英，曹南燕，等译.长春：吉林人民出版社，1999.

［43］ 亨德森，拜尔列席基，萧，等.女性休闲：女性主义的视角［M］.刘耳，季斌，马岚，译.昆明：云南人民出版社，2000.

［44］ 傅蕾丝.两性的冲突［M］.邓丽丹，译.天津：天津人民出版社，2003.

［45］ 威斯纳 - 汉克斯.历史中的性别［M］.何开松，译.北京：东方出版社，2003.

［46］ 阿内尔.政治学与女性主义［M］.郭夏娟，译.北京：东方出版社，2005.

［47］ 奥加德.回归家庭？：家庭、事业与难以实现的平等［M］.刘昱，译.桂林：广西师范大学出版社，2021.

［48］ 特拉斯科.全球化与家庭：加速的系统性社会变革［M］.周红，译.北京：中国社会科学出版社，2021.

［49］ JOHN R. Justice as fairness：a restatement［M］. Cambridge：Harvard University Press，2001.

［50］ WILLIAMS J. Unbending gender：why family and work conflict and what to do about it［M］. Oxford：Oxford University Press，1999.

［51］ WALTERS M. Feminism:a very short introduction［M］. Oxford：Oxford University Press，2005.